涯学習ブックレット

お伊勢さんの式年遷宮と廣池千九郎

所　功

刊行に寄せて

第六十二回の神宮式年遷宮《しきねんせんぐう》が斎行されます本年、皇室研究の第一人者・所功先生の『お伊勢さんの式年遷宮と廣池千九郎』が刊行されますことは、まことに意義深いことと存じます。

所先生には、モラロジー研究所道徳科学研究センターの研究主幹をお務め頂いております。本書は今年六月二日、法人の記念行事「伝統の日」に行われたご講演に基づくものです。

モラロジー（道徳科学）の創建者である廣池千九郎《ひろいけちくろう》（法学博士、慶応二年〈一八六六〉～昭和十三年〈一九三八〉）は、前半生を教育者・歴史学者・法学者として歩みました。その間、わが国の伝統的な精神文化の探究を続け、第五十七回の神宮式年遷宮が行われた明治四十二年（一九〇九）、国民の道徳的精神の高揚に資するため、『伊勢神宮』という研究書を公刊しています。約百年を経た今日、これが現代の碩学《せきがく》の手で掘り起こされるのは、まことに感慨深いことです。

所先生とのご縁に心から感謝しますとともに、本書が多くの方々に読まれ、日本人としての誇りと喜びを共々に深めていけますことを、切に願っております。

平成二十五年七月吉日

公益財団法人モラロジー研究所理事長　廣池幹堂

自序 ― 廣池千九郎博士『伊勢神宮』の再発見 ―

今から百年ほど前、廣池千九郎先生は、四十代初めに神宮皇學館教授として『伊勢神宮』を一気に執筆し、その増訂と普及にも全力を尽くされました。それは明治四十二年（一九〇九）の第五十七回神宮式年遷宮について、全国の教育指導者などが理解し説明することに役立ったのみならず、その翌春から国定教科書の『尋常小学修身書』に初めて「クワウダイジングウ（皇大神宮）」が掲載される有力な契機になったと見られています。

この名著は、必ずしも読み易くありません。しかし、皇室の祖先神、日本人の総氏神と仰がれる天照大神《あまてらすおおみかみ》を祀《まつ》る神宮こそ国体（日本の国柄）の根源であることを初めて明示された意義は、極めて大きいと思い、その一端を先日、「伝統の日」学びの集いで講述させて頂きました。

その講演記録を急遽ブックレット化するにあたり、尽力された藤井大拙出版部長と安江悦子編集課長、および廣池千九郎記念館の企画展示「伊勢神宮と廣池千九郎」を担当して本書にも貴重な資料を提供された同僚の橋本富太郎研究員に、深く感謝の意を表します。

平成二十五年（二〇一三）七月十日

道徳科学研究センター研究主幹　所　功

目次◆お伊勢さんの式年遷宮に学ぶ（講演の原題）

＊表紙写真　内宮域内の御稲御倉《みしねのみくら》（撮影＝篠原　龍）
＊表紙デザイン　株式会社エヌ・ワイ・ピー

一、「伝統」は〝常若〟の英知

本日は、モラロジーを創建された廣池千九郎博士のご命日にちなむ**「伝統の日」**であります。午前中「感謝の集い」で廣池幹堂理事長からお話を賜りましたとおり、私どもは家や国家をはじめ、自分の存在を根底から支えているいろいろな恩人の系列（モラロジーでいう「伝統」）や、さまざまな方々の恩恵を頂いて今ここにいることができます。それに気付いたら、その恩恵に感謝し、可能な限り報恩の誠を尽くすことに心がけて参りたいと存じます。そのような「伝統尊重」「伝統報恩」こそが安心・幸福への道であることを研究して科学的に説き明かされたのが、廣池博士にほかなりません。

ご承知の通り、博士が満七十二歳で長逝されたのは、昭和十三年（一九三八）の六月四日ですから、はや七十五年前になります。しかも、それより十数年前（大正十五年＝昭和元年、満六十歳）に確立された道徳科学＝モラロジーという学問は、さらに十数年前（明治四十五年＝大正元年、満四十六歳）の大患あたりを転機に形成されていきます。そのユニークな学問が、およそ百年後の今日も脈々と続いているのみならず、新しく進化し向上を遂げております。このような

廣池千九郎（昭和10年１月、68歳）

創建者の精神を継承し発展させることが、モラロジーを学ぶ人にとっては〝伝統〟への報恩にほかならないと思われます。

ただ、ここでは一般的に用いられる「伝統」の意味を確認し、それから本論に進ませて頂きます。

およそ**「伝統」とは何か**、という問いに対して、最も的確に答えられましたのが、数年前に示された皇后陛下のお言葉だと存じます。平成二十一年四月十日に迎えられた御大婚五十年（金婚式）に先立ち、宮内記者たちとの御会見で、「皇室の伝統」について、次のごとく述べておられます。

（前略）伝統と共に生きるということは、時に大変なことでもありますが、伝統があるために、国や社会や家が、どれだけ力強く、豊かになれているかということに気付かされることがあります。一方で、型のみで残った伝統が、社会の進展を阻んだり、伝統という名の下で、古い慣習が人々を苦しめていることもあり、この言葉が安易に使われることは好ましく思いません。（後略）

これを私流に解すれば、皇室のような二千年来の格別な伝統の続いているところへ入られました美智子さまは、皇太子妃殿下として三十年、皇后陛下として（当時まで）二十年にわたり「伝統と共に生き」てこられたお立場から、「時に大変なこと」もあられたことでありましょう。けれども、それをだんだんと体得され、さらに活用しておられるからこそ、「伝統があるために、（日本という）国や社会や（皇室という）家が、どれだけ力強く、豊かになれているかということに気付かされ」、実感しておられるのでありましょう。

しかしながら、後略の部分で「伝統には**表に現れる型と、内に秘められた心**の部分とがあり、その二つが共に継承されていることも、片方だけで伝わってきていることもある」と述べておられます。したがって、「伝統」といえども、型と心の両方が継承されていれば「力強く、豊かに」なれますが、「内に秘められた心の部分」がない「型のみで残った伝統」では、いわば陋習《ろうしゅう》と化してしまいますと、「社会の進展を阻んだり……人々を苦しめ」ることにもなりかねません。

それゆえ、私どもは表の型だけでなく、それに内の心が伴った伝統を大事にしたい。言い換えれば、表に見える型にとらわれて内に秘められた心を失わないよう、真心のこもった実のある伝統を大切にし、活用したいと思います。

このような本来の伝統が最もよく伝わっているところこそ、わが国の皇室でありますし、その皇室から祭祀《さいし》を預かっておられるのが伊勢の神宮であります。

そこで今日は、一般に〃お伊勢さん〃と称されて多くの国民から親しまれる「神宮」のこと、とりわけ今秋十月に迎える「式年遷宮」を中心にして、日本的な伝統のあり方について、皆さまと共に考えてみたいと思います。

内宮に参拝したA.トインビー博士夫妻と若泉敬教授

そのキーワードは〃**常若**《とこわか》〃です。『日本国語大辞典』には、「とこわか【常若】……いつも若々しいこと。いつまでも若いさま」と説明しています。鎌倉時代の『名語記』などにも見える熟語ですが、これを仮に英訳するならば〃ever youthful〃ということでしょうか。

かつて（四十年前の昭和四十八年）、私は著書『伊勢の神宮』（新人物往来社刊。それから二十年後の平成五年、講談社の学術文庫『伊勢神宮』に収録）を書きました際、「神宮は、常に古くて新しい」と表現したことがあります。それを端的に一言で表せば〃常若〃でありましょう。そして、それを可能にした偉大な知恵が、二十年ごとに繰り返さ

> Here, in this holy place,
> I feel the underlying unity
> of all religions.
> Arnold Toynbee
> 29 November, 1967

参拝直後に毛筆で記帳した名言

れてきた「式年遷宮」というシステムであり、その営みに携わってきた関係者たちのたゆみない努力の成果にほかなりません。

ちなみに、英国の世界文明史家Ａ・トインビー博士は、伊勢神宮に参拝した際、「この聖地において、私はあらゆる宗教の根底にある統一性を感じています」と毛筆で記帳しています。これも〝古くて新しい〟神宮の伝統を見事に感じ取った名言だと思われます。

二、廣池千九郎著『伊勢神宮』の出版

伊勢の「神宮」については、最近、たくさんの研究書や教養書が出版されています。しかし、モラロジーを学ぶ人々には、何よりも廣池千九郎博士が今から百年ほど前、四十歳代初めに書かれたＡ『伊勢神宮』と、Ｂその増訂版、およびＣ**『伊勢神宮と我《わが》国体』**を、この機会にしっかり読み直して頂けたらと存じます。

ところで、私が本書（Ｃ）の存在を初めて知りましたのは、伊勢の皇學館大学に奉職した四十数年前（昭和四十一年）、二十歳代半ばのことであります。しかしながら、一見かなり難しそ

明治40年代、神宮皇學館の教官と学生（廣池千九郎は前列右から２人目）

うに感じられましたから、少し拾い読みしたくらいで閉じてしまいました。ところが、数年後（同四十八年）、第六十回式年遷宮を秋に控えた夏休み前、前述しました『伊勢の神宮』という一般向けの書物をまとめる必要に迫られ、あらためて本書を通読した際、多くのことを学ばせて頂きました。

そこで本日は、この名著を一つの拠り所にして、特に重要と思われる論点を取り上げながら、伊勢の神宮、とりわけ式年遷宮のもつ意義を、可能な限り説明させて頂きます。

それに先立って、本書の成立事情と全体の概要を略述いたします。まずAは、明治四十一年（一九〇八）十一月の**初版緒言**によれば、「本書は、予が専攻学科たる東洋法制史の立脚地より……神宮と皇室並《なら》びに我が国体との関係に就き、謹んで卑見を陳述

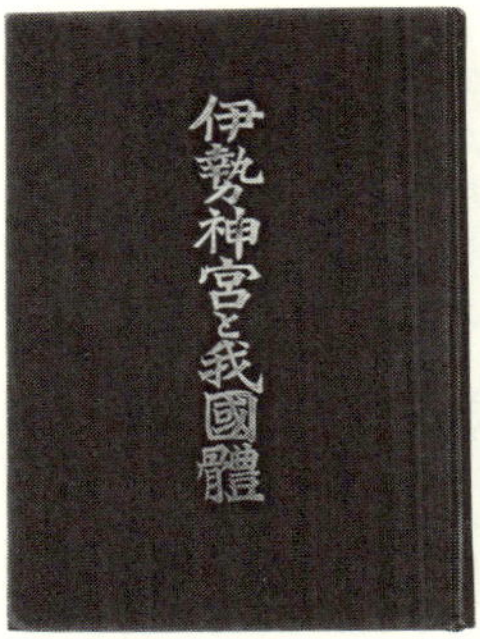

『伊勢神宮と我国体』(C)

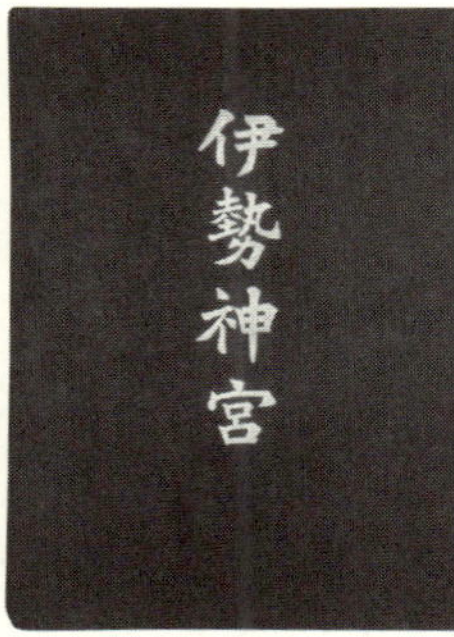

『伊勢神宮』増訂版(B)

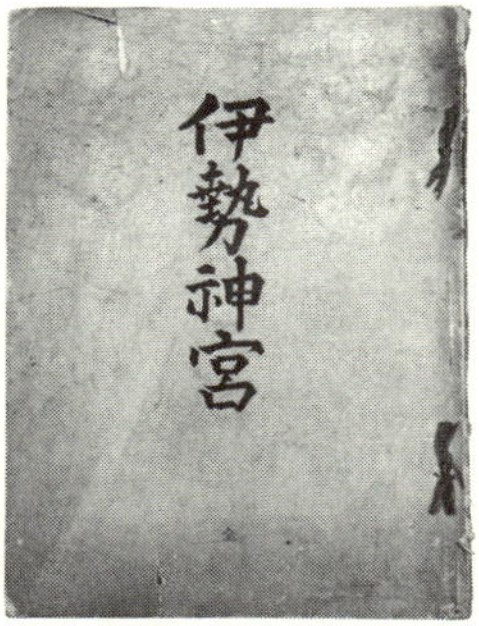

『伊勢神宮』私家版(A)

せる」ものとあります。これは同年十二月（著者満四十二歳）、私家版の形で出され、諸家に献呈して批評を求められます。その上で、翌四十二年三月、B増訂版が早稲田大学出版部から刊行され、大いに普及しました。その**増訂版緒言**には、出版の事情について次のごとく記されています（読み易くするため、助辞を補ったり、漢字・仮名を現代風に改めた。以下も同じ）。

「本書は、我が国体の淵源《えんげん》を論述し、併せて神宮の歴史・沿革・現状を記載し奉れるもの」である。

「本書は、もと予が神宮皇學館教授として赴任の際（明治四十年六月）より……神宮の御事にて、国民の知悉《ちしつ》せざるべからざる事項を編纂《へんさん》せよとの勧告を為すものあり、而して、予……一昨年来、材料を蒐集《しゅうしゅう》し、昨年（三月〜四月）支那（清《しん》国）遊歴より帰朝後、全部を完成し……本論のみを稿本として……先輩・知友の間にその批正を求め」られたところ、「予が皇学（国学）の師井上頼囯《いのうえよりくに》翁」をはじめ「神宮部内の有力者」などから「懇切な……指教」を得ることができた。

これによりますと、伊勢の神宮皇學館に赴任し、「法制史」と「神道史」を担当された廣池教授は、神宮について広く国民に知らせる書物の作成を勧められ、それに応じて清国の歴訪より帰ってから、半年ほどで本論を仕上げられたことになります。

その内容は、伊勢神宮の単なる解説書ではありません。まさに「我が国体の淵源を論述」することに目的があり、その具体例として「神宮の歴史・沿革・現状を記載」されたところに、大きな特色が見られます。

それゆえ、B増訂版に序文を寄せられました先学のうち、東京帝国大学教授の井上哲次郎《いのうえてつじろう》博士（当時満五十三歳）が、本書は「神宮と国体との関係、神宮の創立せられたる理由等……すこぶる肯綮《こうけい》を得たる所あり。……国民教育に従事する者、あにこの書を一読せずして可ならんや」と推奨されています。

また、『古事類苑《こじるいえん》』以来の恩師である**井上頼圀博士**（当時満七十歳）も、「神宮と我が国体との関係を論ずる章の如きは、まことに前人未発の論文」と激賞するのみならず、著者の「人物と学問」について、次のように絶賛しておられます。

「廣池千九郎ぬしは、九州の人にて、帆足萬里《ほあしばんり》翁の学統を伝へ、文字・文典・訓詁《くんこ》の学に長じ、殊に経書・歴史・制度の学には極めて深く、およそ当時、漢学においては、天が下に並ぶもの幾人もなく、皇国の学は、予の門に入りて、四大人《うし》（荷田春満《かだのあずままろ》・賀茂真淵《かものまぶち》・本居《もとおり》宣長《のりなが》・平田篤胤《ひらたあつたね》）の正しき道を伝へ、研鑽の労、歳を累《かさ》ね、記紀・万葉より律令・格式に至りては、特に精到なる研究を積み、今日……博識篤学の聞こえは学者の間に隠れなし。而して極めて敬神の念に篤く、その学力・人物共に、かかる業《わざ》（「伊勢神宮の御事を記し奉る」こと）に従ふ人として、殊にふさはしく思はる」

もちろん、このような高い評価ばかりではなく、さまざまな批判も少なくありませんでした。そこで、その後も数年いろいろ思索を深め、あらためて「神宮中心国体論」という論考を仕上げてBの前に加えたC『伊勢神宮と我国体』を、大正四年（一九一五）九月に出版しておられるのです。

その**新序「発刊の辞」**によれば、Bを出版された後、「予は一種の宗教的信仰を得た」ことによって、「我が国体の淵源たる天祖（天照大神）の御聖徳中、天祖の天岩戸籠《あまのいわとごも》りの際発せられたる慈悲寛大・自己反省の御偉徳こそ、まさに天祖御聖徳中の骨髄にして、これ宇内《うだい》古今に匹《ひっ》儔《ちゅう》なき名状すべからざる御偉徳にましませるなれ、との事を考へ付き、爾来《じらい》研究を重ねて、いよいよその然《しか》る所以《ゆえん》を明らむる」ことができたと記されております。

㋑「**神宮中心国体論**」（全五章＝1〜5）

1神宮を中心とせる国体論の発生沿革／2我が建国の基礎的精神／3神宮・皇居の分離／4天祖の御位置と歴代の御聖徳／5我が国体の淵源と我が国運発展の方法

㋺『**伊勢神宮**』（全十二章＝1〜12）

1伊勢神宮と我が国体／2神宮（内宮《ないくう》）の創立せられたる理由／3豊受大神宮《とようけだいじんぐう》（外宮《げくう》）の創立せられたる理由／4両宮の御称号并びに御社格／5内外宮と支那の宗廟社稷《そうびょうしゃしょく》／6両宮神殿の御建築法／7神宮の御威徳と教育事業／8神宮の大祭典と皇室及び国民／9神宮の神聖／10歴代天皇の神宮御崇敬／11明治天皇の神宮御崇敬／12神宮と学校教育、并びに軍隊教育

㋩「**伊勢神宮**」**附説**（全二十章＝1〜20／附録五・補説三十七）

1（上）神宮御創立に関する古書の扞格《かんかく》に就きての考証／1（下）明治初年神宮御遷座の議に関する弁正／2神宮の御社格に関する古書の弁明／3皇大神宮《こうたいじんぐう》の尊号／4伊勢神宮と石清水八幡宮《いわしみずはちまんぐう》との尊称上の関係（并びに藤井貞幹、本居宣長の争論）／5皇大神宮の宮地の変遷／6神宮の沿革／7古代より維新前に至る神宮官衙《かんが》の組織／8現時に於ける神宮諸官衙／9両宮御祭典／10神宮御領地、并びに現時の供進金／11勅使及び儀仗兵《ぎじょうへい》／12遷宮の制度・歴史／13明治四十二年の正遷宮／14内外宮正遷宮の順序に関する争／15大麻及び暦／16行幸、并びに皇族・縉紳《しんしん》の参拝／17庶民の参詣、并びに御蔭参り／18正式参拝／19両宮相殿の神／20別宮、并びに摂社及び末社（附録1〜5／補説1〜37、省略）

こうして完成された本書は、その全文が『廣池博士全集』第四冊（昭和十二年初版、同五十年第三版）に収録されています（A5判、約三百七十ページ）。したがって、皆さんどなたでも容易に見られますが、念のためA＝㋺の後に㋩増補を加えられたBと、そのBの前に㋑を加えられたCとの主要目次を前ページに挙げておきます（便宜上、㋑㋺㋩の符号を付けた。発刊の辞・序文・緒言・凡例は省略）。

ご覧のとおり、やや複雑なわかりにくい構成になっております。それは何故なのか、もう少し説明を加えておきたいと思います。

三、私家版の反響と増訂版の普及

前に述べたとおり、廣池博士は神宮皇學館へ赴任された翌年、Aを私家版の形で作成して、先学・知友に配られたのです。それに対して、特に神宮ゆかりの名家や学識者の多い伊勢では、賛否両論が生じました。その実情は、道徳科学研究センター研究員の橋本富太郎さんが詳しく調べられ、論文にもしていますので、今回いろいろと資料を提供してもらいました。ここにその一端を紹介させて頂きます。

まずA＝㋺では、「天祖天照大神」について詳しく論じた後、神宮（内宮・外宮）の創立・建築・祭典から朝野の崇敬まで、広く述べておられます。次いでBの㋩附説は、Aに付け加えて説明すべきこと、とりわけ神宮の沿革と官衙《かんが》（役所）の組織、両宮の祭典、遷宮の歴史と儀礼、別宮・摂社・末社などについて書き足し、さらに「附録」として、三種の神器と賢所《かしこどころ》の由来や全国の官幣社・国幣社などまで掲げるのみならず、たくさんの「補説」を設け、Aに対する主要な批判に応えておられます。

その増訂版の緒言を見ますと、「神宮の掌故《しょうこ》に通ぜる御巫《みかんなぎ》清生《きよお》、並びに松木時彦の両君は、極めて懇切丁寧に本書（A）の誤謬《ごびゅう》とその所見の異なる所とを指示せられた」ので、それに「補説」で答えようとされたのです。この御巫家も松木家も、古代から外宮の祠官《しかん》を世襲してきた度会《わたらい》氏の一族であり、当時も神宮の禰宜《ねぎ》を務めていたのが清生・時彦の両者であります。

特に松木時彦氏は、中世以来の「外宮優位論」に立っていましたから、廣池博士のような「内宮・外宮の祭神は君臣の別あり、その両宮の御資格は御同等にして本末の別あり」という斬新な見解に、なかなか承服しえなかったのでありましょう。しかし、外宮流（度会神道）の旧説にとらわれない博士の見解は、**「君臣」「本末」の別を明らかにする「国体論」**として、重要な意味をもっています。

しかも、こうして大幅に㋩を増補（一部訂正）したBは、その緒言に書かれているとおり、神宮の中に見られる「我が固有の大道……を発育して……我が国家の発展に資する事」こそが「真正の教育」と考えて著されたものであります。それが今回は、東京の早稲田大学出版部から刊行されたこともあって、明治四十二年三月の初刷がたちまち品切れとなり、七月に増刷されています（合計三千冊以上）。

これが成功した要因は、同年十月に迎える第五十七回の式年遷宮について、このB附説の第十三章で**遷宮の概要を説明**されているからです。しかも、それに先立ち、文部省から全国の学校に対して「遷宮当日、伊勢神宮に関する訓話を行ふ」ことが通達されていました。それゆえ、その参考書として、このBが全国各地の指導者などに求められ、予想以上に大きな教育力を発揮したわけです。

事実、明治の終わりから大正の初め、神宮皇學館の学生（本科第二十五期）であった高原美忠《たかはらよしただ》先生は、数年先輩の長谷外余男《はせとよお》氏（のち熱田神宮宮司）の所感を引き、「この著によって、世人が神宮を知り、神祇《じんぎ》を知り、国体を知ることを得、神宮御遷宮当日、各学校その他で遥拝《ようはい》式をする時、講演者が争うてこの著によった」と証言をしておられます（『生誕百年廣池博士記念論集〈増補版〉』昭和四十八年刊所収「『伊勢神宮と我国体』について」）。

ちなみに、私は昭和四十一年春、皇學館大学に助手として採用され赴任しました。丁度その春から学長に就任された八坂神社宮司の高原先生（七十四歳）は、私ども独身の若手教員を時折夕食に招いてくださいました。その際、半世紀以上前に受講した廣池教授の思い出を、楽しそうに話されたことがあります。そのおかげで、私は初めて廣池博士の存在を知り、それからC本も通読して、多くの教えを頂くことができたわけです。

四、「天祖天照大神」と「我が国体」

そこで、あらためて本書を見ますと、これは決して伊勢神宮のガイドブックではありません。そのような要素は、Bの段階で㋩附説に加えられています（6～20）が、本来A（㋺）では「我が国体の由来」を解明することに力点を置いておられます。しかも、大正四年刊のCに至って、より本格的な㋑**「神宮中心国体論」**が巻頭に掲げられています。

このうち、まずA（㋺）では、「皇室と我が国民」が「祖先を同じくし、随《したが》って親族的関係を有する」とみなしうること、特に「皇室の直系の大祖先」は「天祖天照大神」にほかならないこと、その「天祖天照大神」は「日神《ひのかみ》」「大日孁貴《おおひるめのむち》」とも称されるが、決して「太陽には非《あら》ず」「天上実在の祖神として崇拝」されてきたこと、また「皇室は天祖の直系にして……君位に備はり、天下の主権を執り給ふ」こと、一方「臣民はその傍系」であること、ただ「近親の皇族」でも「籍を人臣に列する時は、再び天位に登る能《あた》はざる事」によって「君臣の別ある事を明らかに」していること、それゆえ「天祖」の「正統の御子孫たる天皇」は、一般の国民から「絶対無限の信仰を受けさせ給」うことにより「万世一系の基」が開かれている、と説かれています。

天の岩戸開き（伊藤龍涯筆「天照大御神」）
〈神宮徴古館農業館蔵、『名画にみる國史の歩み』より〉

しかも、このAを増補してBを出版する前後から、いわゆる教派神道（天理教など）の研究を進められました廣池博士は、大正元年（一九一二）の大患を経て**「天祖天照大神」への理解と信仰**を深められ、Cの㋑をまとめられるに至りました。その要点を抄出すれば、およそ次の通りであります。

まず序説で、日本民族が「道徳性に富める」根本的な理由は、「その道徳心の根底」に「偉大なもの」として「我が建国の大源を為せる所の伊弉諾《いざなぎ》・伊弉冉《いざなみ》の二尊と、我が建国の太祖たる天照大神」が存在されるからだといわれます。これだけではわかりにくいかもしれませんが、記紀の神話に基づき、一方で諾冉二尊は「我が心の穢《けがれ》を祓《はら》ふ」御禊祓《みそぎはらえ》によって「執着心と妄想とを去り、八面玲瓏《れいろう》玉の如く、温和円満・崇高至純の心事心術を涵養《かんよう》して至高道徳の域に達する」ことができる、という道理を示されています。

他方、その間に生まれられた天照大神は、弟神の素戔嗚尊《すさのおのみこと》（須佐之男命）が乱行を繰り返された時、『日本書紀』では、相手に立腹して身を隠されたとあります。しかし、廣池博士は『古事記』に「天照大御神、見畏《みかしこみ》」とありますから、これは相手を寛大に許し、自己を反省するため、まさに「畏《おそ》れて」（かしこみかしこみて）岩戸（岩屋戸《いわやど》）に籠もり「修養」されたのだと解されます。この「岩戸籠りの御修養」によって**「慈悲寛大・自己反省の自覚**と、之に起因する所の**犠牲的観念没我的心事」**が「大自然の法則に合致」することを示されている、という独自の新見解に到達されたのです。

さらに「歴代の天皇」は、「天祖の御聖徳」を継承されていますから「祖宗の大神様の再現と見奉るべき神聖の御方々」であること、それゆえ「国民崇拝の中心と為って……万世一系の国体を形成」していること、したがって天祖を祀る神宮こそ「正《まさ》に我が国民の道徳の本原であり、我が国家統治の中心点」だと説かれています。

しかも、天祖以来の「公明正大にして博愛慈悲の精神から出た外交を以て立つ」ならば、やがて「近国は信頼し、遠国は親好を思ふやうになる」ので、これこそ「将来に於て、我が日本帝国が世界平和の盟主となる基《もとい》」だ、とさえ述べておられます。

なお、このように説かれる廣池博士は、進んでBを文部省関係者などに贈られまして、全国の学校で伊勢神宮について教育すべきことを要望しておられます。明治時代でも、そのころまで公教育の場においては、ほとんど取り上げられていなかったからです。

それが幸い当局において聴き入れられ、遷宮の行われた翌春（明治四十三年四月）から使用の国定**『尋常小学修身書』**巻二の十九に、初めて**「クワウダイジングウ」**が登場します。その中に、皇大神宮は「テンノウヘイカノゴセンゾヲ　オマツリマウシテアルオミヤ」であり、「ワレワレ日本人ハ　コノオミヤヲウヤマハナケレバナリマセン」と簡単に説明されています。これによって、皇大神（天照大神）は、皇室の祖先神であり、日本人の敬拝すべき総氏神であることが、はっきり教えられるようになったわけですから、その意義は極めて大きいと思われます。

五、内宮の創立事情と実年代

このように偉大な「天祖天照大神」は、なぜ伊勢の地で祀られることになったのでしょうか。この点について本書（㋺の2）では、次のように説明されています。

まず（一）『日本書紀』の神代巻に見える、天照大神は御子神天忍《あめのおし》穂《ほ》耳尊《みみのみこと》に「宝鏡」を授けて示された大詔《たいしょう》で、「吾《あ》が児《みこ》、この宝鏡《たからのかがみ》を視《み》ること、まさに吾を視るごとくすべし。与《とも》に床を同じくし殿《おおとの》を共《ひとつ》にし、以て斎鏡《いわいのかがみ》と為すべし」と命じられています。また、初代の神武天皇は、即位直後「皇祖天神の霊《みたま》」を「大和国の鳥見《とみ》山」で祀っておられます。

次いで（二）第十代の崇神《すじん》天皇は、それまで宮殿の中で祀ってこられた天照大神を、初めて宮殿外の「倭《やまと》の笠縫邑《かさぬいのむら》」へ遷し祀られます。これは、崇神天皇が同殿により「神威を瀆《けが》し奉らむ事を恐れ」られるのみならず、むしろ積極的に国内統一を進められる**「国運恢弘《かいこう》の宏謨《こうぼ》**（大計画）を加護せむが為め」「天祖（天照大神）御親《みずか》ら宮中を出でさせ」られたと主体的に解することが重要と見られています。

さらに（三）次の垂仁《すいにん》天皇二十五年、皇女の倭姫命《やまとひめのみこと》が「大神を鎮座する処《ところ》を求め」られま

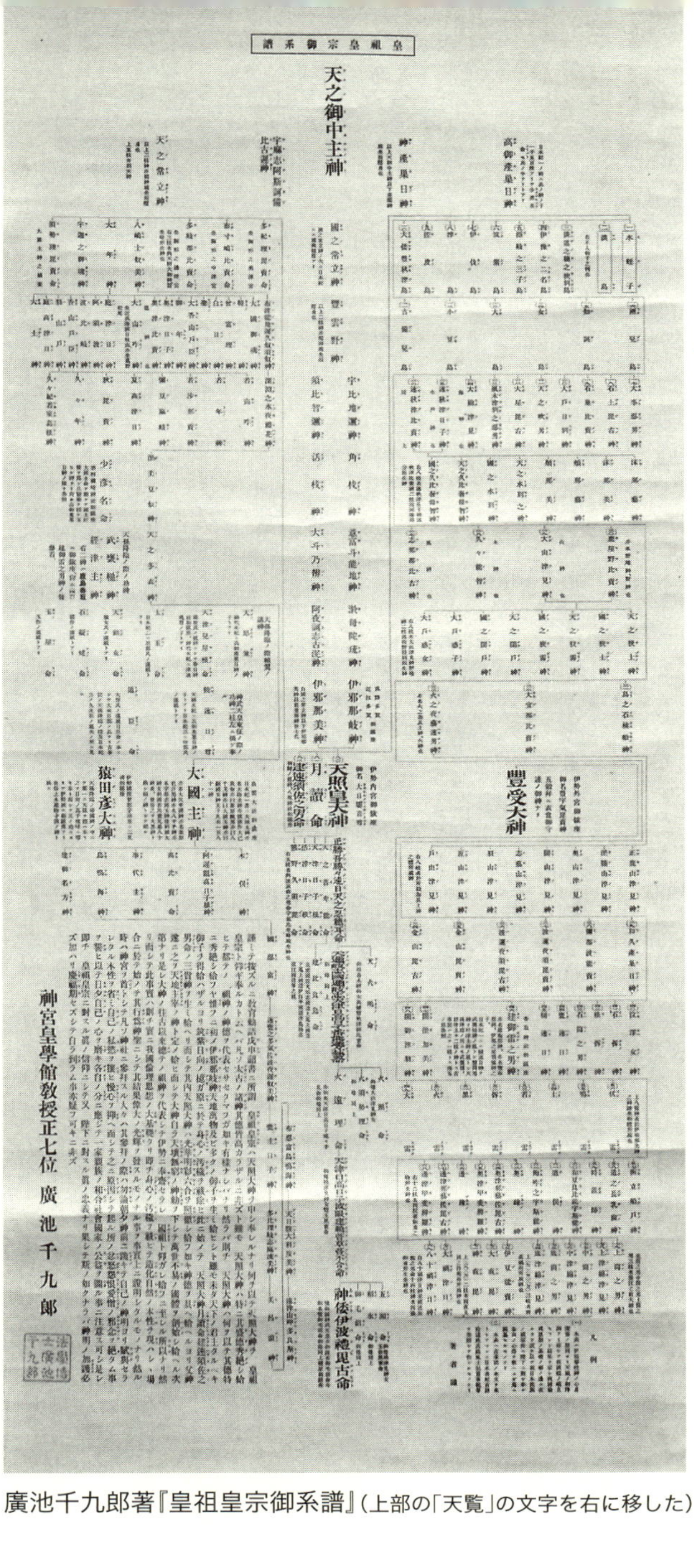

廣池千九郎著『皇祖皇宗御系譜』(上部の「天覧」の文字を右に移した)

して、ようやく伊勢へ到られますと、天照大神が「神風の伊勢の国は則ち常世《とこよ》の浪の重浪帰《しきなみよ》する国なり、傍国《かたくに》の可怜《うま》し国なり。この国に居らんと欲《おも》ふ」と仰せられました。そこで、「大神の教へに随ひ、その祠《ほこら》を伊勢国に立つ。因《よ》りて斎宮《いわいのみや》を五十鈴川《いすずがわ》の上《かみ》に興《おこ》す。これを磯宮《いそのみや》と謂《い》

ふ」と『日本書紀』に記されています。

この三点に関して、㋩の附説（1上下・5など）では少し補足されておりますが、(一)(二)(三)の実年代には言及されておりません。そこで、私の師事する田中卓博士が、記紀などの古伝と考古学などの成果を統合して再構築されました「古代史像」（同著作集第十一巻、平成十年、国書刊行会）の結論に基づいて、簡潔に説明すれば、次のように考えられます。

まず(一)**初代の神武天皇**は、弥生時代中ごろの西暦一世紀初め前後、九州から畿内へ東征され、大和の「磐余《いわれ》」あたりに拠点を築き、「橿原宮《かしはらのみや》」で初めて即位されました。そこで「カムヤマトイハレヒコノミコト」とも「ハツクニシラス（始馭天下）天皇」とも称されます。

しかし、大和の地では、古くから三輪山の周辺あたりで三輪氏などが大きな勢力を振るっていましたから、外来の大王は在地の彼等と手を結んで基盤を固めるまでに、数代二百年ほどを要したと思われます。

やがて(二)**第十代の崇神天皇**は、古墳時代初めの三世紀前半ころ、三輪山麓の纒向《まきむく》に壮大な「水垣（瑞籬《みずかき》）宮」を築き（最近その宮殿遺構と見られるものが発掘されました）、神々を丁重に祀って疫病を鎮められ、しかも畿外の四道に皇族を将軍として遣わし、国内の統一に乗り出されました。そこで、後世「崇神」（神を崇ぶ）という諡号《しごう》（称賛の贈り名）を奉られ、あらためて

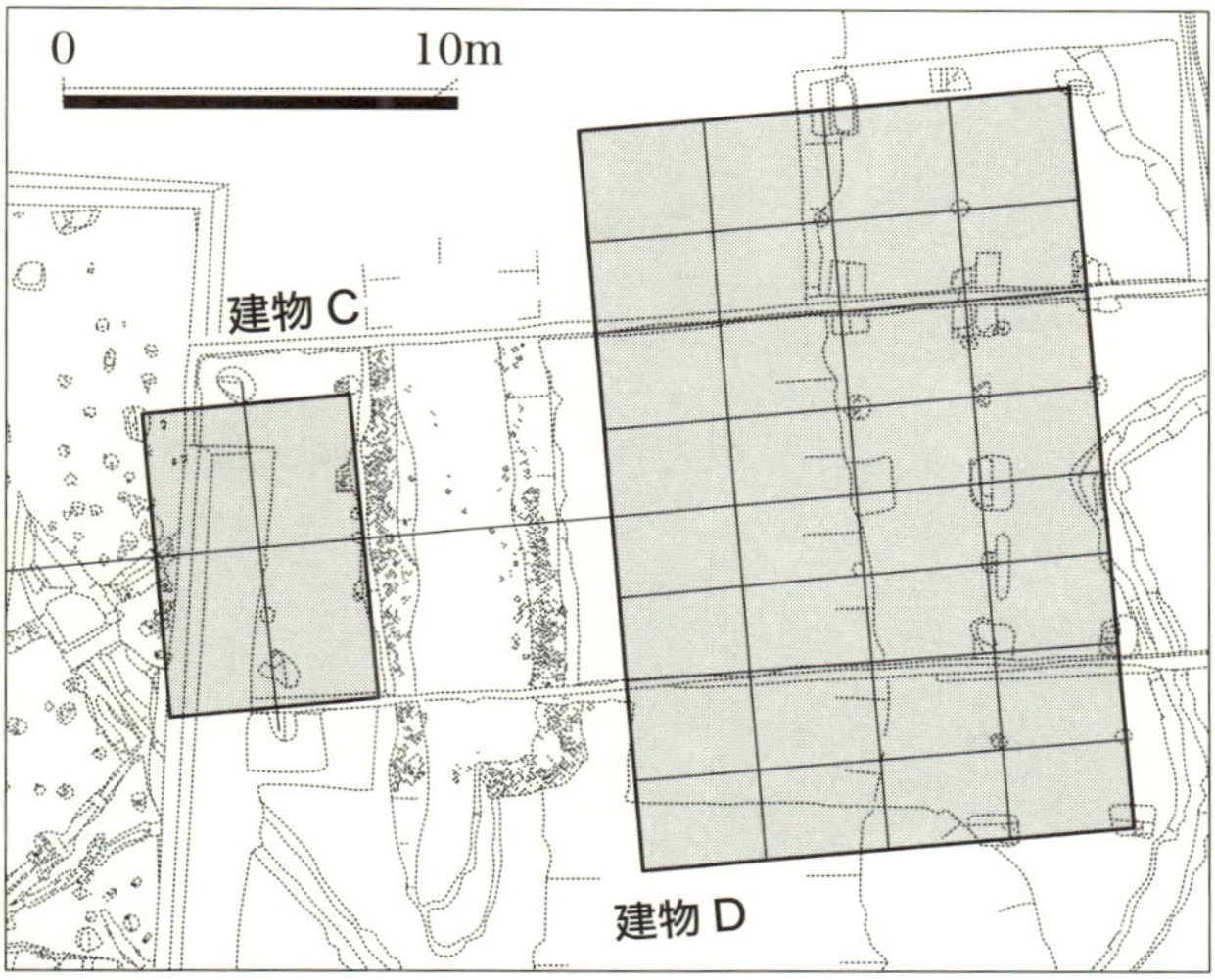

纒向遺跡の３世紀前半ころの建物遺構（奈良県桜井市巻向）
黒田龍二博士は、西のＣ棟が宝庫跡で伊勢神宮の原型、東の大きなＤ棟が水垣宮跡で、宮殿様式の出雲大社の原型と想定されている（同氏『纒向から伊勢・出雲へ』学生社より）

「ハックニシラス（御肇国）天皇」とも称されています。

さらに（三）**第十一代垂仁天皇**は、父帝と大彦命《おおひこのみこと》（四道将軍の一人）の娘ミマキ姫との間に生まれ、三世紀後半ころ内治外交に力を尽くし、殉死を止めさせるなど仁政に努められました。そこで、後世「垂仁」（仁を垂る）という諡号を贈られています。とりわけ父帝の志を継がれ、皇女の倭姫命に天照大神を託して「願《ね》ぎ給ふ国を求め奉り」伊勢の地に神宮（斎宮・磯宮）を創立せしめられたのです。

ただ、その**巡行経路**を見ますと、大和の東にある伊勢へ直行されたわけではありません。『日本書紀』や『皇太神宮儀式帳』（平安初頭に内宮から提出）を見ますと、（1）三輪山麓の笠縫

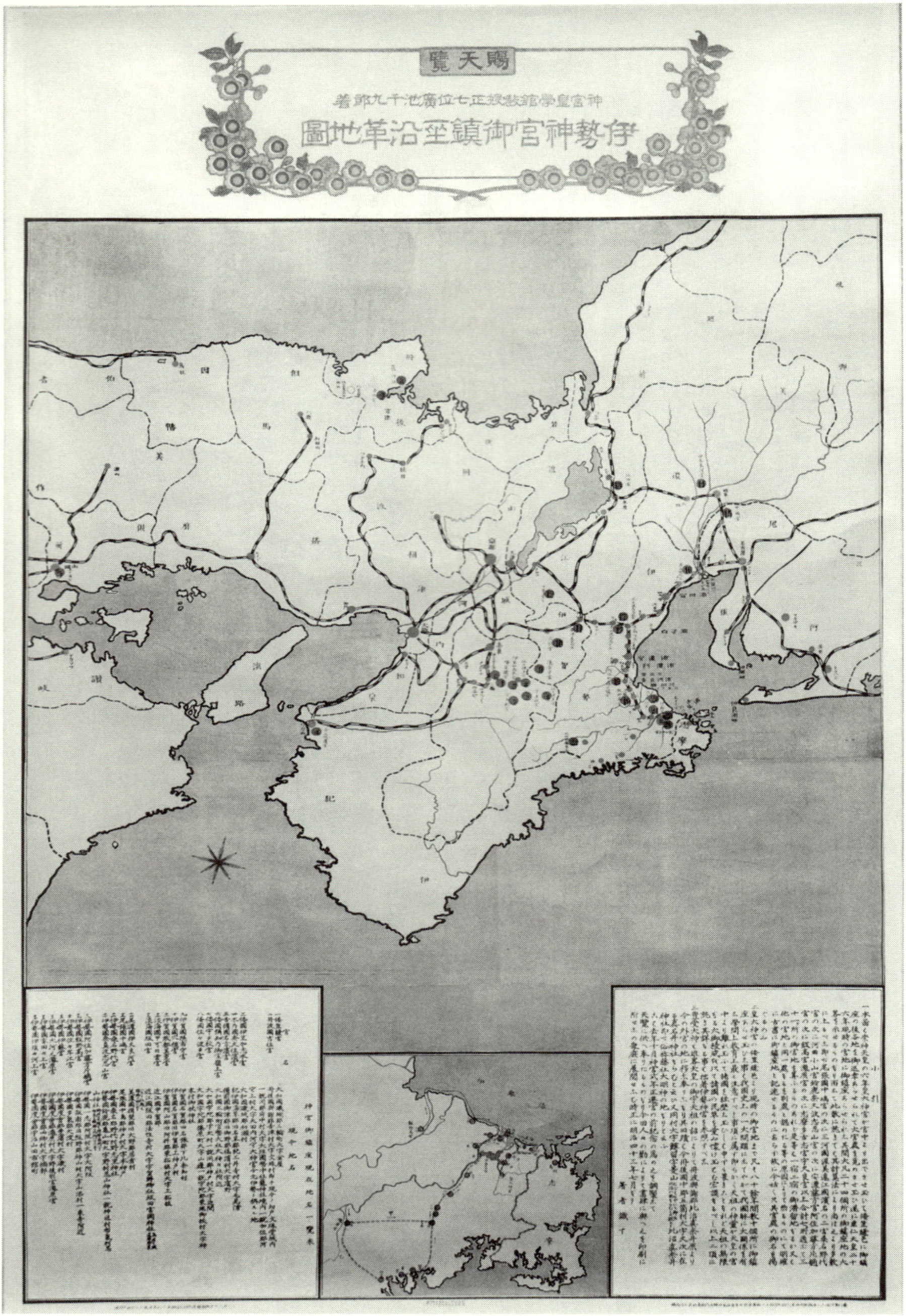

廣池千九郎作成『伊勢神宮御鎮座沿革地図』

邑から、(2) 宇陀《うだ》の篠幡《ささはた》や (3) 伊賀の穴穂《あなほ》・柘植《つげ》を経て、(4) 近江の米原に近い坂田から、(5) 美濃の居倉《いくら》（私の郷里の近く）に至り（おそらく尾張へ入り東国へ進もうとされたのでしょうが、在地勢力に阻まれて）、今の揖斐《いび》川沿いに南下され、(6) 伊勢の桑名・鈴鹿・津・松阪・多気などを経て、(7) 五十鈴川上の大宮地へ着かれた、というように大廻りしておられます。

　しかも、この巡行には、阿倍《あべ》・和珥《わに》・中臣《なかとみ》・物部《もののべ》・大伴《おおとも》という五つの有力な氏族の遠祖が「五大夫《たいふ》」として随従し、道中で在地の勢力と戦いながら進んでいます。したがって、これは単に天照大神の鎮座地を求める旅というより、むしろ天祖を奉じて大和朝廷（王権）の威力を拡大する「皇威の宣布」であった、というのが田中博士の卓見です。それは次の景行《けいこう》天皇朝（四世紀前半ころ）にも引き継がれて、皇子の倭建命《やまとたけるのみこと》（日本武尊）という英雄が、九州の熊襲《くまそ》も東国の蝦夷《えみし》も平定された、と伝えられています。

　このように見て参りますと、大和朝廷の数百年にわたる国内統一事業の途上、**天照大神を祀るに最もふさわしい〝うまし国〟の伊勢**が選ばれ、神宮（内宮）を創立されたことになります。そこに建てられた「祠」とは、御神鏡（八咫鏡《やたのかがみ》）を納めるホコラ（もと穂倉）でありましょうし、また「斎宮《いわいのみや》」とは、大神に仕える倭姫命が籠もられた宮殿を指し、その両方が海近いイソ（イセの語源）にありましたので「磯宮《いそのみや》」とも称されたものと考えられます。

その創立された実年代は、おおよそ三世紀後半ころかと見られます。しかも『日本書紀』の垂仁天皇二十五年の干支「丙辰」、またはその注と『皇太神宮儀式帳』に見える次年の「丁巳」だとすれば、二九六年ないし二九七年、つまり三世紀末と推定して大過ないと思われます。

六、外宮の創立事情と御饌殿

一方、宇治（五十鈴川の上《かみ》）に祀られる内宮＝皇大神宮から約五キロ離れた山田（高倉山の麓《ふもと》）に外宮（豊受大神宮）が祀られているのはなぜでしょうか。この点について、本書（㋺の3）では、次のように説明されています。

まず、祭神の**「豊受大神」**は、『古事記』に「登由宇気《とゆうけ》神、これは外宮の度相《わたらい》に坐《いま》す神」とあります。また伊耶那美《いざなみ》神から生まれた「頭の上に蚕と桑、臍《へそ》の中に五穀」を生ずる和久産巣《わくむす》日《ひ》（稚産霊）神の御子とされる「豊気毘売《とゆけひめ》神」も、あるいは伊耶那美神の御子とされる「宇迦《うか》之《の》御魂《みたま》神」（倉稲魂）も、その体内から牛・馬・粟・蚕・稗・稲・麦・大豆・小豆などを化生したという「保食《うけもち》神」も、それぞれ「豊かなる食の神」「食の御霊の神」「御食の神」の義で、「食《け》」（ke＝ka）が共通しており、いずれも「食物并びに五穀の神」として「同一神」（功徳の共

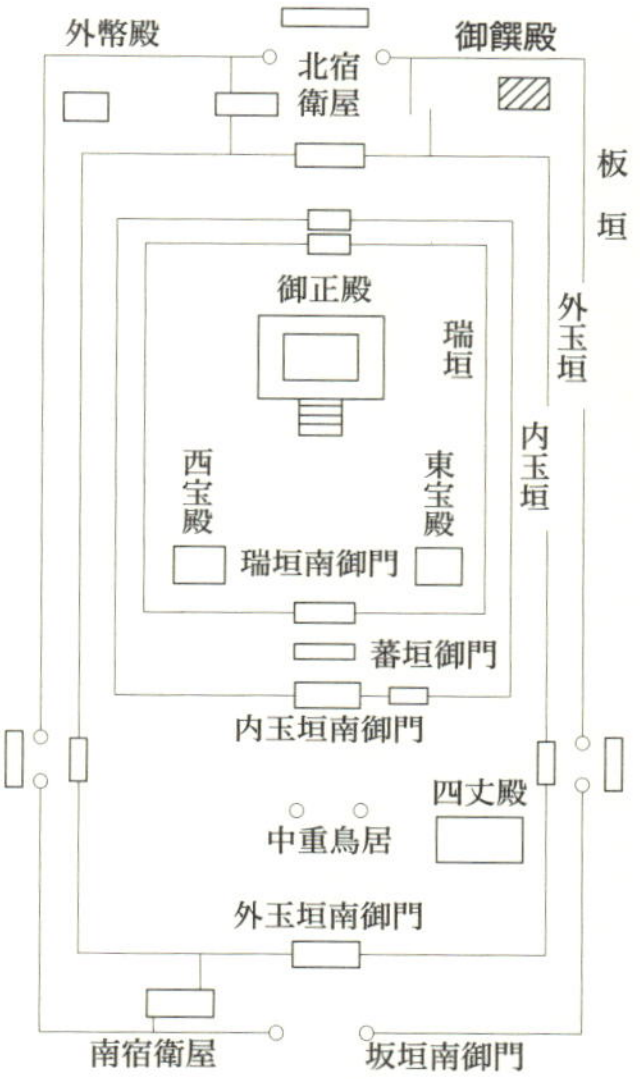

外宮の正宮御垣内殿舎の配置図

外宮正宮（北東角）の御饌殿〈提供＝神宮司庁〉

通する神々）と見られています。

ただし、この大神は、初め丹波に祀られていました。その説明は本書にありませんが、大和朝廷と丹波の関係は、すでに崇神天皇朝（三世紀前半）、丹波道主《みちぬし》（彦坐王《ひこいますきみ》の子）が将軍として丹波に遣わされ、その娘の日葉酢媛《ひばすひめ》が垂仁天皇の皇后となって、次の景行天皇朝に伊勢へ赴かれる倭姫命などを生んでいます。

しかも、『大同本紀』（平安中期以前成立）の逸文《いつぶん》によれば、垂仁天皇朝（三世紀後半）に、丹波の比治《ひぢ》の真奈井《まない》で「道主の子八乎止女《やおとめ》」が「御饌都《みけつ》神［これ止由気《とゆけ》大神］」を斎《いつ》き奉っていたとあります。したがって、そのころから、天照大神は倭姫命により伊勢で、また止由気大神は八乎止女により丹波で祀られていたことになります。

ところが、『**止由気大神宮儀式帳**』（平安初頭提出）によれば、「大長谷《おおはせ》（雄略）天皇の御夢」に現れた「天照坐皇大神」は、「丹波の国の比治の真奈井に坐す御饌津神の等由気大神を我が許《もと》に欲《もが》（招きたい）」と告げられましたので、直ちに丹波から「度会の山田原」へ遷されます。そして、ここで立派な「宮を定め斎き仕へ奉り始め」ると共に、あらためて「御饌殿《みけでん》を造り奉りて、天照坐皇大神の朝《あした》の大御饌・夕《ゆうべ》の大御饌を日別《ひごと》に供へ奉る」ことになったとあります。

これは、単に食物神が伊勢でも祀られるようになったというに留まりません。ご承知のとおり、内宮の天照大神は、高天原でみずから稲作をして「新嘗」の祭もされ、その「斎庭《ゆにわ》の穂《いなほ》」を御子神に授けられるほど、もともと稲作との関係が深い。けれども、その稲作（広く産業）守護の役割を外宮の豊受大神に譲られ、みずからは太陽のように万人・万物を照らす皇祖神としての神格を純化されたことにもなると見られます。

ところで「**御饌殿**」は、外宮において最も重要な建物ですが、本書に説明されておりませんので、少し補っておきます。「御饌」は神饌、つまり神さまの召し上がられるものですから、天照大神に対しては、大和の宮殿内に祀られていた崇神天皇朝までも、また伊勢の内宮で祀られるようになった垂仁天皇朝（三世紀後半）からも、日々お供えされていたでありましょう。

しかし、やがて雄略天皇朝（五世紀中頃）に外宮でミケの神の豊受大神が祀られるようになってからは、その宮域（正宮境内の北東角）に専用の「御饌殿」が建てられるに至りました。

この御饌殿は、古い殿舎の形を今も伝えております。一見しますと、他の建物と同じく掘立柱・高床式・萱葺《かやぶき》屋根の〝神明造《しんめいづくり》〟です。しかし、よく観ますと、床上に四隅の柱がなく、横板壁を井桁《いげた》状に組んだ〝井楼造《せいろうづくり》〟になっています。これですと、屋根の重みが板壁にかかりますから、板が収縮しても隙間が生じず、外の湿気が入りません。

その殿内は、一般の者が拝見できません。けれども、神宮禰宜《ねぎ》を務められた矢野憲一さんの著されました『伊勢神宮の衣食住』などを見ますと、木階を昇って南側中央の御扉から入る殿内は、ほぼ正方形です。その東側に内宮の皇大神と相殿神と別宮の神々との御座が三つ設けられ、その西側に外宮の豊受大神と相殿神と別宮の神々との御座が三つ設けられています。つまり、両宮の正宮と別宮に祀られる神々が、ここに揃って御食事をなさる、いわば神さまの食堂にほかなりません。

しかも、**神々のお食事**は古くから必ず朝夕二回、丁重に行われ続けてきました。その神事を「日別朝夕大御饌祭《ひごとあさゆうおおみけさい》」と申します。現在の御饌（神饌、神宮では「おもの」という）の品目は、御飯・御塩・御水をはじめ乾鰹・鯛か干魚《ほしうお》（カマス・ムツ・アジなど）・海藻（コンブ・アラメ・ヒジキなど）・野菜（大根・人参・牛蒡《ごぼう》・山芋・独活《うど》・蕪《かぶら》・蕗《ふき》・ホウレン草・里芋・生姜《しょうが》・百合根《ゆりね》・枝豆・白菜・胡瓜《きゅうり》・南瓜《かぼちゃ》・茄子《なす》・蓮根・甘藍《かんらん》・慈姑《くわい》・芹《せり》・馬鈴薯《ばれいしょ》・筍《たけのこ》・松茸《まつたけ》・トマトなど）・果物（蜜柑《みかん》・香橙《くねんぼ》・桃・柿・干柿・林檎《りんご》・梨・金柑《きんかん》・桜桃・苺《いちご》・枇杷《びわ》・葡萄《ぶどう》・栗・西瓜《すいか》・メロンなど）に、清酒も添えられることになっています。

これらの食材は、伊勢（旧）市内（楠部・藤里）などの神田で収穫された御米、二見の御園《みその》で栽培された野菜と果物、二見の御塩浜で調製された堅塩《かたしお》などを用います。また、御水は毎日未明に外宮境内の井戸（上御井《かみのみい》神社）から汲《く》んできます。

そして前夜から身を清めて奉仕する神職（禰宜以下五名）は、当日朝（五時、冬期には六時）、忌火屋《いみびや》殿で木を擦《す》り合わせて火をおこし、蒸した御飯を、素焼の土器にトクラベの葉を敷き、その上にこんもりと盛りつけます。また、野菜や果物も形よく切って四寸土器に盛り、さらに干魚は数枚重ね、海藻も小高く盛られます。

このように準備した御饌が辛櫃《からひつ》に納められますと、**毎日朝夕**、春夏（新暦の四月〜九月）は朝八時と夕方四時、秋冬（十月〜三月）は朝九時と夕方五時、当番の神職さんが忌火屋殿の前でお祓いを受けて御饌殿に向かいます。そして御饌を捧持する禰宜が、刻《きざみ》階段を昇って殿内へ入り、各御神座の前に御饌を供えて一たん退出し、階下で祝詞《のりと》を奏上して八度拝を行い、神々が食事を終えられたころ、再び昇殿して御饌を撤下《てっか》することになっています。

ちなみに、私は十数年前（平成十一年）秋、世界文化遺産の京都会議に記念講演のため来日した世界銀行副総裁のイシュマル・シェラデルディンさん（エジプト出身）が神宮参拝を希望され、その案内役を頼まれたことがあります。

そこで、前泊して翌朝、まず外宮の忌火屋殿近くで大御饌祭の準備と参進の様子を見てもらいましたところ、もうそれだけで非常に感銘したといわれました。

それは、おそらく毎年、ラマダン（断食月、イスラム太陰暦の九月）に昼の太陽が出ている間、飲食をしないで禁欲し、食物に感謝するイスラム教徒の同氏にとって、日本人が千数百年も前から毎日朝夕、大神さまに心をこめて御饌を差し上げ感謝していることに、深く共感されたからだろうと思われます。

そうして神さまの召し上がられました飲食物の〝おさがり〟こそが、神さまから私どもに下し賜った〝**たぶもの**〟（**賜ぶ物**）、つまり**タベモノ**（食物の大和言葉）の語源にほかなりません。それは単に栄養を取る餌《えさ》ではなく、神々から自然から有り難く頂戴するものですから、私どもはお食事の前に「いただきます」と唱えて感謝することが習慣となっているわけです。

七、神明造と式年遷宮の成立

先ほど御饌殿は〝神明造〟の古い姿だと申しましたが、福山敏男博士（建築史）の研究によれば、内宮・外宮の正宮正殿近くにある東宝殿も西宝殿も、また内宮の「御稲御倉《みしねのみくら》」も外宮の「外幣殿《げへいでん》」も、さらに両宮の別宮正殿も、平安時代の末ころまで、御饌殿のような〝井楼造〟であったことが明らかにされています。

それどころか、内宮・外宮の正宮正殿も、井楼造でないにせよ、共通の工夫がこらされています。それは外周の柱の上のほうをよく観ますと、柱と梁の間に少し隙間がありまして、萱葺屋根の重みは横板壁にかかっていますから、板が乾燥しても隙間ができません。これも外の湿気を防ぐ古い倉の様式だと思われます。

ただ、横板だけで屋根の重みを支えるのは難しいため、上の重い棟の柱を持ち上げる太い柱、いわゆる**棟持柱《むなもちばしら》**が両妻の脇に立っています。これも神明造に共通する大きな特徴ですが、その起源は極めて古く、すでに弥生時代の遺物・遺跡で確かめられます。

たとえば、香川県から出土したと伝えられる弥生時代中期の銅鐸《どうたく》（国宝、東京国立博物館所

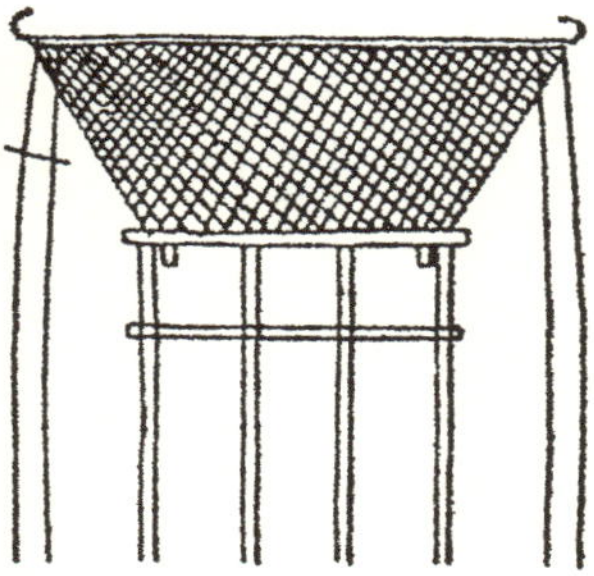

唐古・鍵遺跡の土器にヘラで
描かれた建物の棟持柱

蔵）には、両面の六区画に狩猟・農耕・収穫などの風景が描かれており、その一つに高床式の建物（おそらく穀倉）がハッキリ見えます。

同様に、奈良県磯城《しき》郡田原本町の唐古《からこ》・鍵《かぎ》遺跡から発見された弥生時代の土器にヘラで描かれる家屋（上図）でも、切妻屋根の張り出し部分を支えるため、両脇に棟木を持ち上げる柱が立っています。

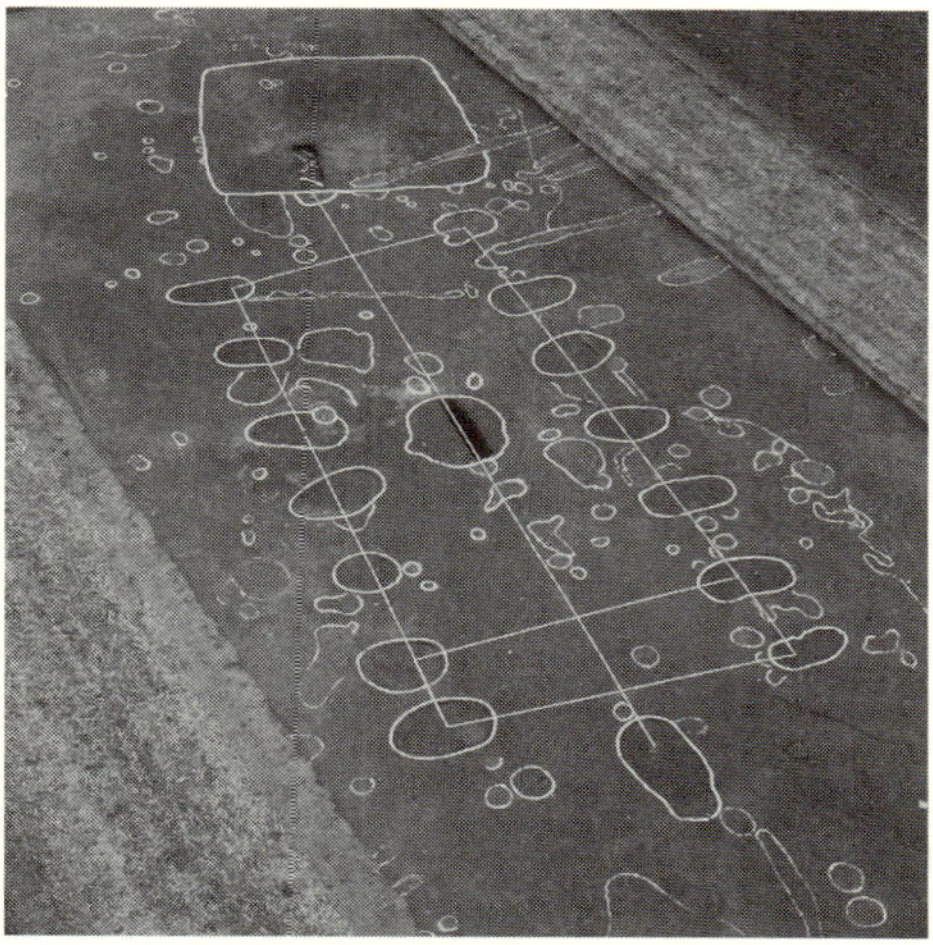

守山市伊勢遺跡（国史跡）の大型建物遺構の
心柱と棟持柱〈提供＝守山市教育委員会〉

さらに、最近三十年ほどの間に発掘された弥生時代の建物遺構から、両妻脇に棟持柱の柱穴が次々と見つかっております。たとえば、滋賀県守山市伊勢町の伊勢遺跡（国史跡に指定）の大型建物群でも、中央に心柱《しんばしら》、両外側に独立棟持柱の柱穴を確認することができ、太い棟持柱の埋め込み部分から木片まで出てきました。

それらは、有力者の住居であったのか、集落の収穫を納める倉庫であったのか、一概にいえません。ここに持ってきました家屋の模型は、かつてインドネシアのジャワ島へ旅行した友人からもらったものですが、このように大きな屋根を支える棟持柱のある高床式住居（入口は妻の側にあり、階段を昇って入る）は、今も少し残っているようです。しかし、古代の日本では、その多くが**穀倉**であったかと思われます。

何となれば、古代の特に稲作を営む人々は、秋に収穫した稲穂を倉庫に収蔵しておきますと、その中で冬の間に種籾《たねもみ》が新しい生命力を授かり、翌春それを播《ま》き植えれば一粒万倍の稔《みの》りを得られる、と考えたに違いありません。

それを繰り返すうちに、その穀倉＝穂倉にはカミ（神霊）が宿ると信ずるようになり、やがてカミを祀る祠（ホクラ→ホコラ）ないしカミの憑《よ》り付く社（ヨリシロ→ヤシロ）として崇《あが》めることになったのではないかと思われます。その典型が、今も内宮の正宮と別宮（荒祭宮《あらまつりのみや》）の途中にある**「御稲御倉」**（表紙のカラー写真）でありましょう。

それは当初、掘立柱を土に埋め、高床を板壁で囲い、萱葺の屋根を棟持柱で支え、堅魚木《かつおぎ》で押さえる素朴な穀倉であったかもしれません。しかし、やがてカミの宿る祠から社へと考えられるにつれて、神殿にふさわしい体裁を整え、洗練されたでありましょう。

たとえば、元は妻の側にあった入口が、外から拝みやすいように平入りとされ、屋根に重しとして置く堅魚木も搏風《はふ》の出っ張りを縄で結ぶ千木《ちぎ》も、実用よりも神殿らしさを示す装飾になったと見られます。

このような神明造の様式美は、おそらく古墳時代中期（四・五世紀）までに完成していたでありましょう。だからこそ、六世紀に入ると仏教（仏像・仏典）と共に寺院建築が伝わりまして、朝廷の宮殿も豪族の邸宅もその様式と技法を採り入れますが、伊勢の神宮および関係の神社では、古来の純朴な原型を基本的に変えなかったのだと思われます。

ただ、掘立柱・萱葺の木造神殿は、十年から二十年も経つと、だんだん汚れ、傷みが進み、三十年以上も清浄なまま保つことは難しい。そこで、折々に修理を加え、破損すれば建て替えることが、不定期に行われてきたでありましょう。それを一定の年数＝式年ごとに行い、御神霊（御正体）を古殿から新殿へと遷す〝遷宮〟が、朝廷で公的な制度とされることになります。

その**式年遷宮の制度**は、第四十代の天武天皇が立案され、その崩御により皇后であった持統女帝が初めて実施された、というのが神宮の古伝であり、今日の通説でもあります。

戦後、これを否定する論者が少なくありませんでした。しかし、天武天皇（大海人《おおあま》皇子）は、甥の大友皇子と対決した「壬申《じんしん》の乱」（六七二）の最中、北伊勢の朝明《あさけ》川あたりで「天照大神を望拝したまふ」たこと、しかも勝利を得て即位された直後、感謝の意をこめられまして、皇女の大来皇女《おおくのひめみこ》を「斎王《いつきのひめみこ》」として伊勢に遣わされたことが『日本書紀』に見えます。

さらに、年代は少し降りますが、平安前期（九世紀）の「古記文」などを基にまとめられた『太神宮諸雑事記《しょぞうじき》』では、天武天皇の晩年（六八五）か持統女帝の初め（六八八）に、それまで破損するたびに修補してきた内宮・外宮の「殿舎・御門・御垣等」を以後「二十年に一度、まさに遷御《せんぎょ》せしめ奉る」ことが「長例と為」されたとあります。

また、南北朝期の『二所太神宮例文』では、内宮の遷宮が持統天皇四年（六九〇）に初めて行われたという記事の細注に「大伴（大友）皇子謀反《むほん》の時（壬申の乱）、天武天皇の御宿願に依ってなり」とあります。しかも、外宮の遷宮が初めて行われた二年後の同六年（六九二）九月十四日には、神祇官から神宮に「神宝の書（目録）四巻」などを奉納したと上奏されたことが、『日本書紀』に明記されております。

八、神宮で二十年ごとの総造替

こうして飛鳥時代（七世紀末）に成立した伊勢神宮の式年遷宮制度は、その後どのように展開したのでしょうか。この点、Bの附説（㈧の12）には、遷宮の制度と歴史がごく簡潔に記されています。以下、その一部を紹介しながら、少し大事なことを補足いたします。

まず「二十年一度新旧造替の例」について、神宮では古伝（『太神宮諸雑事記』『二所太神宮例文』等）により、持統天皇朝の「即位四年庚寅（六九〇）、太神宮（内宮の正宮）御遷宮。同六年（六九二）、豊受太神宮（外宮の正宮）御遷宮」を第一回の実施と公認されています。

では、それは当初から二十年ごとと定められてスタートしたのでしょうか。この点について、奈良時代から平安前期までの実例を確かめますと、内宮の場合（年次は西暦で示す。括弧内は満の間隔）、①六九〇年の次が②七〇九年（十九年）――③七二九年（二十年）――④七四七年（十八年）――⑤七六六年（十九年）――⑥七八五年（十九年）――※七九二年（臨時）――⑦八一〇年（十八年）――⑧八二九年（十九年）――⑨八四九年（二十年）――⑩八六八年（十九年）――⑪八八六年（十八年）――⑫九〇五年（十九年）に行われています。

その間隔は、平均満十九年、数え（足掛）でいえばほぼ二十年です。ただ、事情により③で一年延びたら④で一年早め、⑨で一年延びたら⑪で一年早めているように見られます。したがって、おそらく①の**発足当初から二十年目ごとに造替**することが定められ、それを②～⑫（ほぼ八～九世紀）に守り通していたことがわかります。

とはいえ、⑥と⑦の間に臨時の遷宮があります。⑥から七年目の延暦十年（七九一）八月、

「伊勢大神宮の正殿一宇、財殿二宇、御門三間、瑞籬《みずがき》一重」を焼失した（『続日本紀』）ため、翌十一年三月「伊勢国の天照太神宮を造」って遷宮が行われた（『日本紀略』）のです。そして次の⑦は、この臨時造営より数えて十九年目で、一年早く行われています。

しかも、より重要なことは、延暦二十三年（八〇四）内宮から朝廷（桓武天皇）に提出された『**皇太神宮儀式帳**』の「新宮造り奉る時の行事」に、次のごとく記されています。

常に二十箇年を限りて一度新宮を遷し奉る。造宮使（四等官と番上工など四十六人、省略）参入し来り、即ち吉日を取りて二所の太神宮を拝し奉る。……

すなわち、平安初頭の延暦当時、「二所の太神宮」（内宮と外宮）では「常に二十箇年を限りて一度」（二十年ごとの年限で）、朝廷の「造宮使」が所管して「新宮」を造営し「遷し奉る」ことになっていたのです。しかも、これに基づいて朝廷政府で編纂されました『式』（『弘仁式《こうにんしき》』）。現存するのは『**延喜式**《えんぎしき》』）の「**伊勢太神宮式**」に、次のとおり規定されています。

aおよそ太神宮、二十年に一度、正殿・宝殿及び外幣殿を造り替へよ［度会宮及び別宮・余社、神殿を造るの年限、これに准ぜよ］。皆新材を採りて構へ造れ。自余の諸院は新旧通用す。［宮地二処を定め置き、限に至り更めて遷す］……

bおよそ大神宮、年限満ちてまさに修造すべくんば、使（造宮使）を遣はす。……孟冬（旧暦

㋑ 式年造替の別宮（天平19年以降）	内宮	荒祭宮	宮域
		伊弉諸宮、月読宮、瀧原宮、瀧原竝宮	（旧）度会郡内
		伊雑宮	志摩
	外宮	多賀宮	宮域
㋺ 式年造替の摂社（奈良末期以降）	内宮	朝熊社、園相社、鴨社、田之家神社、蚊野社、湯田社	（旧）度会郡内
	外宮	月夜見社、草名伎社、大間社	
	平安初期（追加3社）	須麻漏売社、佐那社、櫛田社	多気郡内

式年造替の宮社：㋑として平安末期から外宮の土宮、鎌倉中期から内宮の風日祈宮と外宮の風宮、大正12年から内宮の倭姫宮も追加

十月）冬に始めて作る。神宮七院・社十二処。

……

この前段aによれば、「二十年（ごと）に一度」しかも「神殿」を「新材」で「造り替へ」るのは、「太神宮」（内宮）と「度会宮」（外宮）の正宮だけでなく、両方の「別宮」も一部の「余社」も対象となっていたこと、それが後段bに「神宮七院・社十二処」とあり、注も付いていますから、神宮七院は内宮の正宮と別宮の荒祭宮（境内）と伊雑宮《いざわのみや》（磯部）と瀧原宮《たきはらのみや》・同竝宮《ならびのみや》（瀧原）および外宮の正宮と別宮の多賀宮《たかのみや》、また社十二処は上表の㋺の諸社（現在の摂社と一部の末社）であること、それら宮社の「宮地」（敷地）は「二処を定め置き」二十年の年限ごとに「更めて遷す」ことになっております。

さらに「自余の諸院」は、『皇太神宮儀式帳』を見

ますと、内宮だけでも「宝殿」「斎内親王候殿《こうでん》」「女孺侍殿《にょじゅのじでん》」「御倉」「御輿宿殿《みこしのすくでん》」「御厩《みうまや》」「直《なお》会殿《らいでん》」など二十近くあります（外宮もほぼ同様）が、それらは二十年を越えても使えるものは残し、損壊すれば造り直す形で「新旧通用」してよいこと、これらの「修造」には、京都から「使」（造宮使の判官・主典）を伊勢へ遣わされたこと、などがわかります。

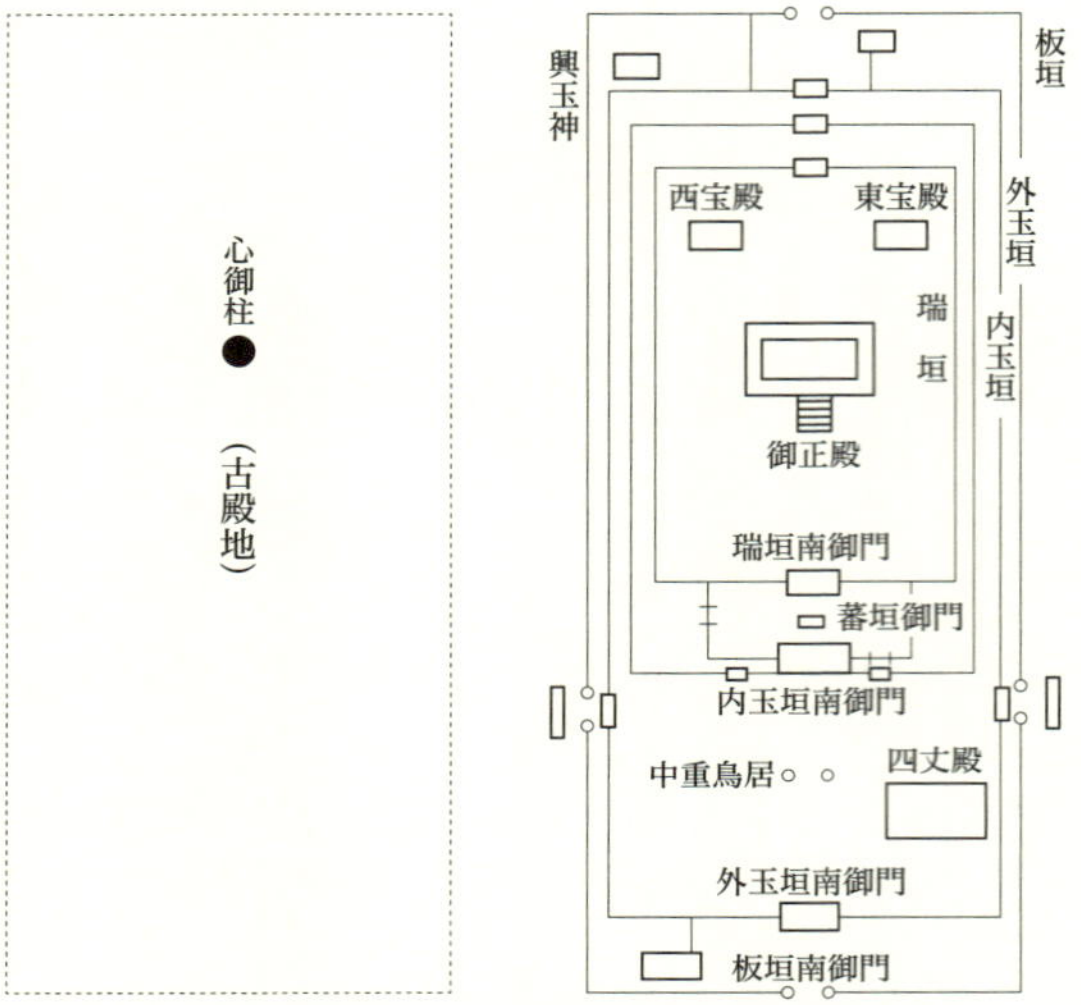

内宮の正宮御垣内殿舎と古殿地の配置図

　このような式年遷宮の制度は、必ずしも伊勢神宮だけではありません。**『延喜式』臨時祭式**によれば、「およそ諸国の神社、破るに随ひて修理せよ。但し摂津国の住吉、下総国の香取、常陸国の鹿嶋等の神社の正殿は、二十年に一度改め造れ。……」と定められています。

　つまり、全国の神社は破損すれば修理を加えること、ただ大阪の住吉大社と千葉の香取《かとり》神宮と茨城の鹿島《かしま》神宮では、二十年ごとに「正殿」を「改め造れ」とあります。ただ、

内宮の御正殿と東宝殿〈提供＝神宮司庁〉

これら三所では、伊勢神宮のように必ず「皆新材を採りて」「造り替へる」ことが、長らく厳密に行われてきたわけではありません。

すなわち、正宮と別宮の七院などを二十年ごとに新しく「造替」しなければならない、と定められ、その通りに実施されてきたのは伊勢神宮だけです。これだけ見ても、神宮は格別な存在であったことがわかります。

特に感心しますのは、神宮の宮社には、当初から「宮地」として**古殿地と新殿地**の二箇所を定め置かれていることです。これによって、前の神殿ができて十数年後に、それを手本としながら、すぐ隣に次の神殿を新しく築造することができます。まことに見事な知恵だ、と感心するほかありません。

近年、古い神社遺構と見られるものが次々と発掘され、それに基づいて、建築史の宮本長二郎博士などが、二棟並列の例も珍しくないと指摘しておられます。しかしながら、神宮ほど明確に二つの宮殿地を確保し、交互に遷替を繰り返してきた例は、ほかに現存しません。

ところで、その**周期が二十年（満十九）**と定められたのは何故なのか、従来いろいろな説があります。そのうち私は、古代に中国から朝鮮を経て伝わった暦法（太陰太陽暦）によりますと、太陰暦の十九年に七回閏月《うるうづき》を加えれば太陽暦の十九年と一致してズレを調整できますから、満十九年（数え二十年）で一周期、という当時最新の科学知識を参考にされた可能性が高いと考えております。しかし、それだけでなく、むしろ結果的に二十年というサイクルをよしとする経験の知恵が制度化されたことにこそ、意味があるのだろうと思われます。

九、遷宮の中断と民間奉賛の復興

このような二十年目ごとの式年遷宮では、神殿を単に修理するのでなく、すっかり新たに造り替えられます。のみならず、殿内に納めるたくさんの神宝《しんぽう》や御装束《おんしょうぞく》もすべて新しくします。

神宝とは、御装束を含めていうこともありますが、区別すれば、神々の御用に供する調度の機織《はたおり》具や武器・武具・馬具・楽器・文具・日用具などです。それに対して御装束は、神殿内の壁代《かべしろ》・帳《とばり》や御神座の舗設具・服飾・化粧具および遷御の儀に用いる威儀物《いぎもの》などです。両方あわせますと、現在七百十四種・千五百七十六点にも上るといわれています。

とりわけ、神宮に長らく勤められた中西正幸氏によれば、「内宮は天照大御神……外宮は豊受姫大神と申し上げ、ともに女の神さま……ということから、女性特有の御料が多いのは当然で」、たとえば「髪を梳《す》く櫛《くし》」だけでも「両正宮あわせて九十一枚を数え」ます（生涯学習ブックレット『伊勢の式年遷宮』平成十九年刊）。そのため、最良の用材を選び、最高の技術で精魂こめてつくられることは、最近オープンした「せんぐう館」の展示などからもよく窺《うかが》われます。

これらをすべて用意するには、大変な人手と費用を要します。そのため、かつては朝廷政府が造宮使を任命組織し、伊勢の三神郡《しんぐん》（度会《わたらい》郡・多気《たけ》郡・飯野《いいの》郡）から得られる「神税」を費用に充てる（不足の場合は伊勢国司の「正税《しょうぜい》」で補う）ことになっていました。

したがって、律令財政が機能した平安前期までは、順調に運営実施されましたが、いわゆる荘園制の拡大によって神郡さえ寺領に侵され、近在の諸国から人夫を招集することも難しくなりました。そこで、平安後期の白河天皇朝ころから、造宮費用を「役夫工米《やくぶくまい》」と称して全国の荘園・公領に課税し臨時に徴収しています。

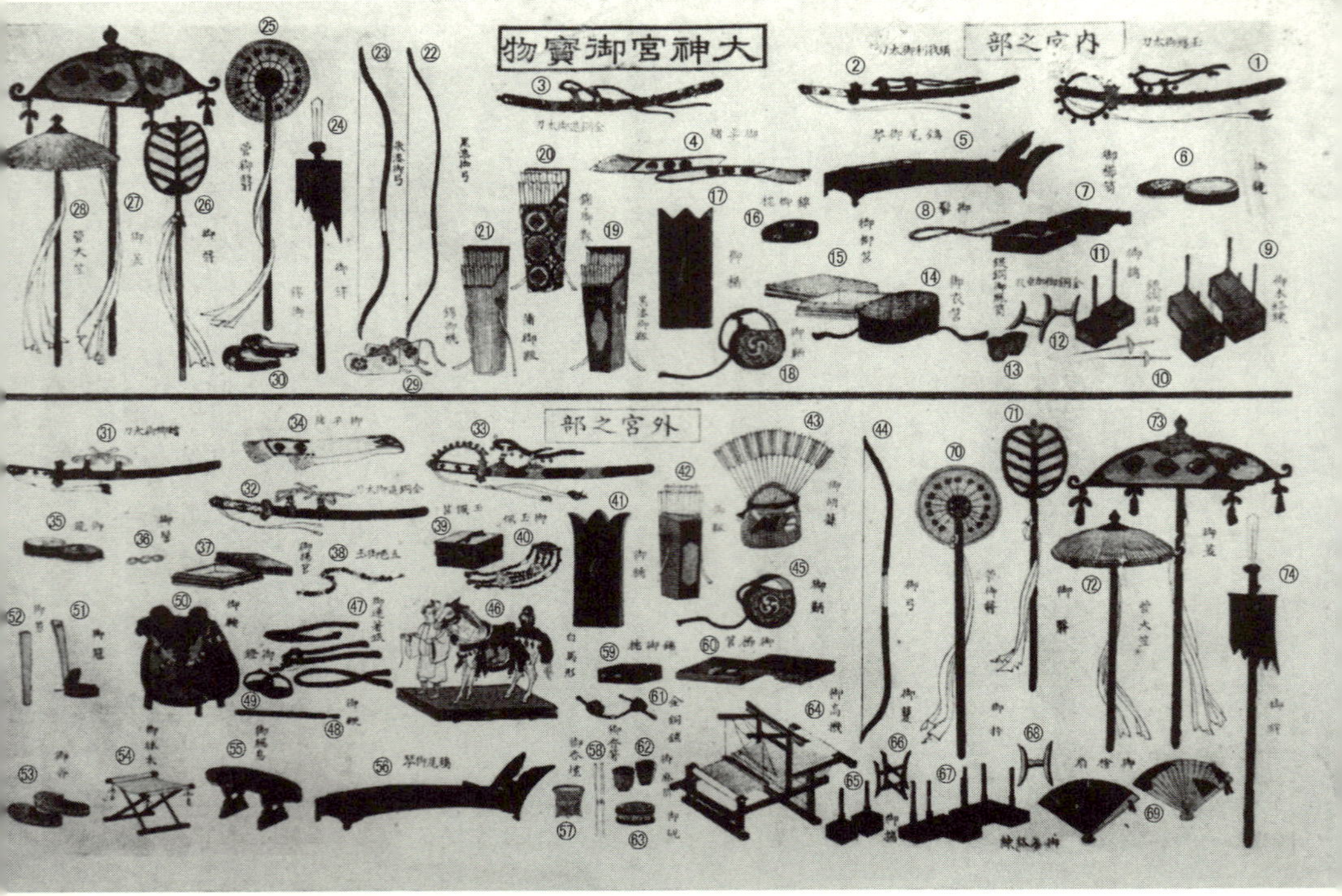

明治42年（1909）第57回神宮式年遷宮の記念絵葉書「大神宮御宝物」
（絵に一連番号を加え、葉書に記す当時の名称を下に示す）
上段「内宮之部」：①玉纒《たままき》御太刀、②須賀利《すがり》御太刀、③金銅造《づくり》御太刀、④御平《ひら》緒《お》、⑤鵄《とび》尾御琴、⑥御鏡、⑦御櫛笥《くしげ》、⑧御髻《もとどり》（結《ゆい》）、⑨御木絡綀《おかけ》、⑩銀銅御鎛《つみ》、⑪御椯《かせひ》、⑫金銅御加世衣、⑬金銅御麻笥《おけ》、⑭御衣《おんぞ》筥、⑮御櫛筥、⑯錦御枕、⑰御楯《たて》、⑱御鞆《とも》、⑲黒漆御靫《ゆきい》、⑳錦御靫、㉑蒲《がま》御靫、㉒黒漆御弓、㉓朱漆御弓、㉔御鉾《ほこ》、㉕菅《すげ》御翳《さしは》、㉖御翳、㉗御蓋《きぬがさ》、㉘菅大笠、㉙錦御襪《しとうず》、㉚錦御沓《くつ》
下段「外宮之部」：㉛蟷螂《とうろう》御太刀、㉜金銅造御太刀、㉝（御太刀）、㉞御平緒、㉟御鏡、㊱御髻（結）、㊲御楊《やなぎ》筥、㊳五色御玉、㊴玉佩《ぎょくはい》筥、㊵御玉佩、㊶御楯、㊷御靫、㊸御胡籙《やなぐい》、㊹御弓、㊺御鞆、㊻白馬形、㊼御連箸《はし》銀、㊽御鞭《むち》、㊾御鐙《あぶみ》、㊿御鞍《くら》、51御冠、52御笏、53御沓、54御牀几《しょうぎ》、55御脇息《きょうそく》、56鵄尾御琴、57御香爐《こうろ》、58御香箸、59錦御枕、60御櫛筥、61金銅鎮、62御麻筥、63御硯、64御高機《たかはた》、65御椯、66御籰《わく》、67御木絡綀、68御拤、69御檜扇《ひおうぎ》、70菅御翳、71御翳、72菅大笠、73御蓋、74御鉾

次いで鎌倉幕府を開いた源頼朝は、母方が熱田神宮の大宮司家であった影響もありまして、まことに敬神の念が厚く、建久五年（一一九四）、五十鈴川の治水費用を督促する文書に、「およそ吾が朝六十余州は、立針の地たりと雖《いえど》も、伊勢大神宮の御領ならぬ所あるべからず」と述べ、また神宮への役夫工米を早く上納するよう指示しています。

さらに神宮でも、特に外宮禰宜の度会一族が鎌倉幕府と誼《よしみ》を結んで東国地方に神領（御厨《みくり》・御園《みその》）を拡げ、そこに神明社を勧請《かんじょう》して、人々に大神さまの神威を説くような働きをしました。そんな関係から、鎌倉時代には遷宮費用も確保され、ほぼ式年に総造替が実施されています。

しかし、南北朝期に入りますと、朝廷の威力が弱まり、室町幕府も内紛によって不安定でしたから、造替の費用を十分に調達できないことが多くなり、遷宮がだんだんと遅延していきます。やがて戦国時代に入りますと、外宮では永享六年（一四三四）、また内宮では寛正三年（一四六二）に遷宮が行われて以後、いくら殿舎が朽ちても造替することが難しくなり、やむなく何とか仮殿（修理）遷宮で済ませています。

けれども、その中断に心を痛めて、**神宮のために立ち上がった人々**がいます。しかも、その口火を切ったのは、民間の名もなき僧尼たちです。その働きは、橋の架け替えから始まっています。多くの川には元来ほとんど橋がなく、五十鈴川でも鎌倉時代に仮橋ができましたけれども、洪水のたびに流失して、浅瀬を歩いて渡るほかなかったようです。

そこで、まず乗賢《じょうけん》という僧侶は、宇治橋を架けるため、神宮の許可を得て諸国へ浄財の募集（勧進《かんじん》）に出かけています。その際「この橋、成就すれば、一天四海、国土太平、意の如く安全ならん。一紙半銭の志、これ軽からず。来世上品、今世の信心、安楽満足すべし」と説き廻りまして、文明九年（一四七七）、その費用で大橋の建造を成し遂げました。ついで道順と観阿《かんあ》という僧侶も、勧進聖として募財に努め、明応七年（一四九八）、少し上流に風日祈宮《かざひのみのみや》橋を造り替えています。

さらに、守悦《しゅえつ》という**尼僧**は、洪水で流失した宇治橋を再建するため、八年間も各地へ勧進に廻り、永正二年（一五〇五）、それを成し遂げ「橋供養」を行っています。しかも、その志を継いだ清順《せいじゅん》という尼僧は、天文十八年（一五四九）、宇治橋（大神宮御裳濯橋）を造り替え、その功によって時の後奈良天皇から「**慶光院**《けいこういん》」という院号と「上人」の号を賜っています。

遷宮の再興に努めた清順尼

そこで、慶光院清順上人は、さらに外

宮の遷宮を復興するため、朝廷の綸旨《りんじ》と幕府の内書を奉じて、十二年も各地へ勧進に廻りました。そして永禄六年（一五六三）、外宮の正殿をはじめ、東西の宝殿も御饌殿・外幣殿も御門・鳥居・瑞垣なども造り替え、約百三十年ぶりに第四十回の正遷宮を再興したのです。

しかし、それは外宮だけで終わりましたから、慶光院を嗣《つ》いだ尼の周養《しゅうよう》上人は、内宮の遷宮再興を発願し、勧進に乗り出します。そして、まず天正三年（一五七五）、内宮の正殿を修理して仮殿遷宮にこぎつけ、次いで織田信長や豊臣秀吉などの協賛も得て勧進を続け、同十三年（一五八五）十月、内宮も外宮も遷宮を実施する大きな力となっています。

内宮にとっては実に百二十四年ぶりの復興です。しかも、この機会に、従来は内宮の二年後とされてきた**外宮の遷宮も内宮と同年に行う**先例が開かれています。なお、そのころ秀吉により新しく造られた慶光院の建物が、今も宇治の旧参道沿い（赤福本店の近く）にあり、祭主さまの職舎として使われております。

やがて江戸時代に入りますと、最初の正遷宮は少し遅れて前回から二十五年目の慶長十四年（一六〇九）、両宮同時に行われました。その際「ぞうりう（造立費用）三万石」が充てられ、これが先例となって、以後遷宮のたびに毎回三万石支出されます。しかも、御用材は元禄二年（一六八九）から尾張藩の所管する木曽の山林から調達されています。

そして今一つ重要なことは、江戸初期から、従来の二十年目（満十九年）より一年長い**二十一年目（満二十年）ごとに、八年も準備して行われる**ようになり、現在に至っております。

このように式年遷宮は、本来朝廷の国家事業であり、それが中世・近世には幕府などの支援で行われてきました。しかし、戦国時代に百年以上も中断した遷宮を再興する際に力を尽くしたのは、民間の僧尼たちであり、勧進に応じた一般の人々です。

その上、遷宮用の御用材を御杣山《みそまやま》から両宮の神域まで曳き出して納める**「御木曳《おきひき》」**の行事も、また新しい正宮の内院に白い石を運び入れる**「お白石持《しらいしもち》」**の行事も、室町中期ころから宇治と山田の神領民《しんりょうみん》たちが奉仕しています。このような神領民の誇りある行事に、一般の人々も「一日神領民」として特別に参加を認められるようになったのは、戦後に開かれた新例です。とはいえ、民間奉賛の流れは、数百年前から脈々と続いていることであります。

十、毎年の神嘗祭と式年の遷宮祭

この伊勢神宮では、年間を通じてたくさんの祭典が行われています。大別しますと、一般的な祭典と、神宮だけの特殊な祭典があります。いずれも大事なお祭ですが、古来最も重要とされてきたのは後者の「**神嘗祭**《かんなめさい》」にほかなりません。

この神嘗祭は、旧暦九月、新暦十月の中旬に、内宮と外宮のすべて（百二十五社）で執り行われます。その趣旨は、秋に収穫された新穀の〝お初穂〟を、真っ先に伊勢の大神さまにお供えし召し上がって頂く大祭です。

これに対して、旧暦では二か月余り、新暦でも一か月余り後に、宮中の神嘉殿《しんかでん》で行われます新嘗祭《にいなめさい》も、本来「**ニヘアヘ祭**」（神饌の贄《にえ》で神々を饗《あえ》する祭）であります。ただ、宮中の新嘗祭では、天皇陛下が神々に供えられた神饌（お米と粟の御飯や御酒など）の一部をさげられて、みずから召し上がられます。

私ども日本人にとって、お米は格別重要な意味をもっています。先に述べましたとおり、記紀の神話によれば、天祖天照大神が高天原で稲作をなさり、その種籾を葦原中国《あしはらのなかつくに》へ降臨す

神宮の一般的な祭典

（イ）歳旦祭（一月一日）　新しい年の初めを祝う。
（ロ）元始祭（一月三日）　天津日嗣（皇統）の元始を祝う。
（ハ）先帝祭遥拝（一月七日）　先帝崩御日の宮中ご親祭を遥拝。
（ニ）建国記念祭（二月十一日）　国の肇めを祝い、今後の発展を祈る。
（ホ）祈年祭（二月十七日）　五穀の豊かな稔を祈り大御饌を奉る。
（ヘ）春季・秋季の皇霊祭遥拝（春分・秋分）　宮中皇霊祭に際し遥拝。
（ト）神武天皇祭遥拝（四月三日）　神武天皇の崩御日、宮中を遥拝。
（チ）天長祭（十二月二十三日）　今上陛下の御誕生日をお祝いする。
（リ）大祓（六月・十二月の末日）　前後半年間の罪・穢を祓う。
（ヌ）新嘗祭（十一月二十三日）　宮中の新嘗祭に際し大御饌を奉る。

神宮の主な祭典

祭典	祭日	祭場
日別朝夕大御饌祭	年中毎日（朝と夕）	外宮の御饌殿
正月御饌	一月十一日	内宮四丈殿
風日祈祭	五月十四日と八月四日	両宮の正宮・別宮・摂社など
神御衣祭	五月十四日と十月十四日	内宮の正宮と荒祭宮のみ
月次祭	六月と十二月の十五—二十五日	両宮正宮以下すべての宮社
神嘗祭	十月十五—二十五日	〃

神嘗祭の附属祭典

祭儀	祭日	祭場
御園祭	三月下旬	御園（二見町溝口）
神田下種祭	四月上旬	神田（伊勢市楠部）
御田植初祭	五月上旬	〃
抜穂祭	九月上旬	〃
御酒殿祭	十月一日	内宮の御酒殿
御塩殿祭	十月五日	二見の御塩殿神社

神御衣祭の附属祭典

祭儀	祭日	祭場
神御衣奉織始祭	（五月一日 十月一日	神服織機殿神社（松阪市大垣内） 神麻続機殿神社（松阪市井口中）
神御衣奉織鎮謝祭	（五月十三日 十月十三日	〃

神宮大麻（お札）と神宮暦の関係祭典

大麻と暦の奉製始祭（正月8日）
大麻の用材伐始祭（4月中旬）
大麻の修祓式（随時）
大麻と暦の頒布始祭（9月17日）
大麻と暦の頒布終了祭（3月1日）

る御子孫に授けられた、と伝えられています。これを歴史的に解すれば、もと九州におられた皇室の祖先が稲作文化を伴って本州へ進出され、大和で稲作産業を中心に基盤を築き、勢力を広げられたことの反映でありましょう。

したがって、朝廷（天皇）から天照大神の祭祀を預かる神宮では、**稲作に関する祭事**がいくつもあります（右の表参照）。やがて九月上旬、抜穂《ぬいぼ》を乾燥させて内宮域内の御稲御倉《みしねのみくら》に納め置き、祭が近づきますと忌火屋殿《いみびやでん》へ移し、一部は白酒《しろき》・黒酒《くろき》に加工するため、「御酒殿祭《みさかどのさい》」も行われるのです。

その上で、十月十四日、新しい和妙《にぎたえ》（絹）と荒妙《あらたえ》（麻）の神御衣《かんみそ》が、内宮の正宮と別宮（荒祭宮）に供えられます。そして外宮では十五日、内宮では十六日に神饌が用意されます。その神饌は、新穀（米と粟）でつくる御飯と御餅および白酒・黒酒を中心に、二見の御園から採れる野菜と果物、さらに鳥羽の国崎《くざき》でつくる干鮑《ほしあわび》、知多の篠島《しのじま》でつくる干鯛《ほしだい》などの海産物、それに御水と御塩が添えられます。

これらの神饌は、日別朝夕の常典《じょうてん》御饌と区別して**「由貴《ゆき》の大御饌」**と称され、内宮と外宮の正宮には、各々辛櫃六合に納め、内院まで運ばれます。次いで、大宮司が丁重に祝詞を奏上して、御代《みよ》の長久と万民の平安を祈ります。このような祭儀は、浄闇《じょうあん》の真夜中に二回（十時からと二時から）、正宮に続いて、第一別宮（外宮なら多賀宮、内宮なら荒祭宮）および宮域内の重要な所管社（外宮なら四至神、内宮なら御手洗場近くの滝祭神《たきまつりのかみ》など）でも営まれます。さらに十八日から二十五日まで、それ以外の別宮と摂末社および所管社でも繰り返し行われます。

しかも、これに先立って、皇居では天皇陛下が幣帛《へいはく》をご覧になり、勅使に「よく申して奉れ」と仰せられ「祭文《さいもん》」を授けられる「例幣使《れいへいし》発遣の儀」があります。そして伊勢へ赴いた勅

第62回式年遷宮の主要諸祭と行事予定一覧

年・月・日（内宮・外宮）	**諸祭行事**
平成十七年（二〇〇五）	
5月 2日	山口祭《やまぐちさい》・木本祭《このもとさい》
6月 3日・5日	御杣始祭《みそまはじめさい》
6月 9日・10日	御樋代木奉曳式《みひしろぎほうえいしき》
9月 17日・19日	御船代祭《みふなしろさい》
平成十八年	
4月 12日・13日	御木曳初式《おきひきぞめしき》
4月 21日	木造始祭《こづくりはじめさい》
平成十九年	
5月～7月	**御木曳行事《おきひきぎょうじ》（第一次）**
5月 17日	仮御樋代木伐採式《かりみひしろぎばっさいしき》
平成二十年	
5月～7月	**御木曳行事（第二次）**
4月 25日	鎮地祭《ちんちさい》
平成二十一年	
11月 3日	**宇治橋渡始式《うじばしわたりはじめしき》**
平成二十四年	
3月 4日・6日	立柱祭《りっちゅうさい》・御形祭《ごぎょうさい》
3月 26日・28日	上棟祭《じょうとうさい》
5月 23日・25日	檐付祭《のきつけさい》
7月 21日・23日	甍祭《いらかさい》

使は、大御饌祭の翌日（外宮なら十六日、内宮なら十七日）正午ころ、内院に進み、内玉垣御門前で祭文を奏上します。一方、皇居においても、天皇陛下が神嘉殿の南廂から神宮を遥拝され、賢所の中で玉串を奉り御告文を奏されます。

このように神嘗祭は、神宮で最も大きなお祭であり、**〝神宮のお正月〟**とさえ称されます。ほぼ同じことが六月と十二月の「月次祭《つきなみさい》」でも行われますが、その年の新穀を真っ先に供える神嘗祭が最も重く、これによって、大神さまの神威が格別に更新されるのでありましょう。

ここで毎年十月に行われている神嘗祭について、やや詳しく述べましたのは、二十年に一度（二十一年目ごとの十月）行われる式年の遷宮祭も、本質的にはこれと同趣旨の大祭だからでありま

平成二十五年（二〇一三）

7月〜8月	**お白石持行事《しらいしもちぎょうじ》**
9月13日・15日	御戸祭《みとさい》
9月17日・19日	御船代奉納式《みふなしろほうのうしき》
9月24日・26日	洗清《あらいきよめ》
9月25日・27日	**心御柱奉建《しんのみはしらほうけん》**
9月28日・29日	杵築祭《こつきさい》
10月1日・4日	後鎮祭《ごちんさい》
10月1日・4日	御装束神宝読合《おんしょうぞくしんぽうとくごう》
10月1日・4日	川原大祓《かわらおおはらい》
10月2日・5日	御飾《おかざり》（正午）
10月2日・5日	**遷御《せんぎょ》（夜）**
10月3日・6日	大御饌《おおみけ》（朝）
10月3日・6日	奉幣《ほうへい》（午前）
10月3日・6日	古物渡《こもつわたし》（午後）
10月3日・6日	御神楽《みかぐら》（夜）

※各日付は、上段が内宮、下段が外宮の行事日。すべて**天皇陛下の御聴許を仰ぎ決定**される。

※二十年ごとの総造替は、両正宮に続いて別宮（十四所）でも順次執り行われる。また、摂社以下の諸社も、四十年ごとに造り替えられる。したがって、造営作業は毎回十年ほど続く。

す。ズバリ申せば、**式年遷宮祭は〝大神嘗祭〟**にほかなりません。

もちろん、遷宮祭は「宮を遷す」という名のとおり、神宮の大神さまを従来の神殿から新しく造り替えた神殿へ遷し奉る〝遷御《せんぎょ》の儀〟が大切な要素であります。それに先立って十年ほど前（今回は平成十六年）から準備を始め、別表に示しましたような行事を繰り返します。

そして、ようやく当年（同二十五年）に入りますと、七月〜八月に完成間近の両宮正宮の内院へ白石を運び入れる「お白石持行事」が盛大に行われ、次いで九月に心御柱奉建《しんのみはしらほうけん》などが相次ぎます。そして、いよいよ十月初めの当日（内宮では二日、外宮では五日）の夜八時、勅使（掌典長）の発声により**「遷御の儀」**が行われま

第 62 回の今秋も 10 月 2 日、東殿地から西殿地へと遷御される。

す。しかも、皇居では同時刻に、天皇陛下が神嘉殿の南庭から神宮を遥拝されます。

　では、これほど大がかりに神殿を造り替えるのみならず、殿内に納める神宝も御装束もすべてつくり直すのは何のためでしょうか。それは毎年、常設の神殿に由貴の大御饌を供えて行う神嘗祭を、この式年には神殿も神宝・御装束もまったく一新し、その新殿において最も丁寧に由貴の大御饌を供え〝大神嘗祭〟を営むためであります。

　したがって、その夜間に「遷御の儀」と「大御饌祭」が済みますと、翌日（内宮では三日、外宮では六日）昼ころ、天皇陛下から幣帛と祭文を預かってきた勅使は、正宮の内院に進んで奉幣し、祭文を奏上します。

昭和４年（1929）、第 58 回皇大神宮（内宮）式年遷宮遷御の写生（高取稚成画）。

むすび　―神宮の式年遷宮から学ぶこと―

以上、廣池千九郎博士が百年ほど前、神宮皇學館教授として「神道史」などを講じながら全力で執筆し増訂された『伊勢神宮』および『伊勢神宮と我国体』の**成立過程と史的意義**を確認しました。

その上で、一般に〝お伊勢さん〟と呼んで親しまれる神宮の成立史を振り返り、神明造が弥生時代の穀倉に由来し、式年遷宮制が飛鳥時代に開始されたこと、その遷宮が神殿だけでなく神宝・御装束もすべて完全に造り替え、二十年ごとに行われてきたこと、それが戦国時代に中断しても民間の僧俗による奉賛で復興されたこと、その式年遷宮祭が毎年十月の神嘗祭と本質的に同じ大神嘗祭であること、などを申し述べて参りました。

お恥ずかしいことに、私は岐阜県に生まれ育ちながら、お伊勢さんに初めて詣《まい》ったのは大学生になってからです。しかし、その当時、内宮宇治橋の脇にありました「歴史絵画館」の壁面に墨書されておりました作家・吉川英治さんの詠まれた次のような歌を見て、ほっと心安らいだことを覚えています。

ここは心のふるさとか　そぞろ詣れば旅ごころ
うたた童にかへるかな（かへるかな）

人間は誰しも**純真な心**をもって生まれたはずですが、だんだん成長するにつれて**〝童心《わらべごころ》〟**を忘れ、何でも理屈で考えて割り切るようになりますと、ふつう目に見えないものや耳に聴こえないものを信じ難くなりがちです。昔から多くの人々は、不可思議な神さまや仏さまを信じてきましたが、合理主義の近現代人は、神も仏も「いますかのように」考えるのが精一杯かもしれません。かつての私もそうでありました。

けれども、昭和四十一年春から皇學館大学の専任教員として、伊勢の内宮と外宮の近くに各数年住みました。そして毎月十七日に神宮へ参拝し、八年にわたる遷宮の準備過程で営まれた諸行事に参列する機会を得ました。そうしていますと、いつの間にか童心に返って、目に見えないものも耳に聴こえないものも少し見え、聴こえるようになった気がします。

ちなみに、私は満三十歳になった昭和四十七年、満三十歳で戦死した父（所久雄）の激戦地ソロモン群島にあるニュージョージア島を訪ねました。そして現地人の協力により、父の二二九連隊十二中隊が陣取った小高い岡（清水台）のジャングルへ登りました。すると、素足の現地人が草むらの中から拾い上げ渡してくれた飯盒の内蓋に、奇しくも「所」という字が刻んでありました。しかもその翌朝、その場所から父の遺骨と思われる残片が出てきたのです。

それは何と父が戦死してから三十年目の命日（七月二十七日）であることに気付いた瞬間、やはり父の霊が私をここへ導いてくれたのだなあと実感しました。従来から漠然と神仏のおかげを信じておりましたが、この時から亡き人の霊《みたま》が確かに実在し、この世の私どもを見守っていることを、心から信ずることができるようになったのです。

その翌年（昭和四十八年）、私は八月に学生たちと初めて「お白石持行事」に参加し、次いで十月五日夜、幸い**外宮の遷御**を奉拝させて頂きました。

その際、浄闇の中で大神さまが絹垣《きんがい》に囲まれて古殿から新殿へと遷られる行列を間近に拝みながら、不可思議な感動にとらわれ、何か大きな力を頂いたように思いました。これは二十年後の平成五年十月二日、ドナルド・キーンさんたちと共に、**内宮の遷御**を奉拝させて頂いた時

お白石持行事〈提供＝神宮司庁〉

にも、より強く実感したことであります。

お伊勢さんで千三百年近く行われた式年遷宮の意味づけは、古来さまざまな見解が出されています。たとえば、ほぼ二十年ごとに神殿も神宝・御装束もすべて造り替えることにより、人から人への技術を伝えることができる、ということです。それは私も同感ですが、さらにその営みを通して大神さまへの信仰を、親から子、子から孫へと伝えていくこともできるというところに、より深い意味があると思われます。

私ども世俗の平凡な人間でも、神宮に詣り大神さまの前に額づけば、素直な童心に返って、万物を慈しまれる**大神さまの恩恵（おかげ）**に気づき、おのずから感謝の誠を捧げることができます。まして二十年に一度の式年遷宮により新しい御殿へ遷られ、大御饌を召し上がる大神さまは、高天原の原初からもっておられる神威を大いに更新されますことでしょうから、心こめて参拝する私どもに、そのおかげをもたらしてくださるに違いないと思われます。

この世の中（社会）は、およそ二十年ごとに変化を繰り返しているような気がします。明治の初めから今日まで百数十年の歩みを見ても、別表（次ページ）のごとく、遷宮の年あたりを転機としながら変わってきました。総体的なバランスを比較すると、より内心の力（道徳・教育・文化など）を重んずるソフト・パワーの強い時期と、より外形の力（政治・経済・軍事など）を重んずるハード・パワーの強い時期が、ほぼ交互に続いてきたように思われます。

そのバイオリズムから見れば、この第六十二回の式年遷宮を迎えた今年から先は、ソフト・パワーをベースにして**ハード・パワー**を発揮することが必要になりそうです。しかしながら、その根底に、神を敬い人を思いやり互いに助け合う、日本的なソフト・パワーの伝統がなければなりません。この機会に、それを受け継ぎ伝えていく知恵も、お伊勢さんから学びたいと存じます。

近現代の式年遷宮と主な出来事

明治元年（1868）3月　「五箇条の御誓文」公布、 8月26日即位式

近代形成充実期

明治2年（1869）　3月12日　明治天皇　（満16）　史上初めて両宮御親拝

第55回式年遷宮（内宮9月4日、外宮9月7日）

S.P.＞H.P.　明治4年（1871）7月　神宮司庁創設

明治15年（1882）4月　神宮皇學館創立（～昭和21年3月）

明治22年（1889）　2月　「大日本帝国憲法」「皇室典範」制定

第56回式年遷宮（内宮10月2日、外宮10月5日）

明治23年（1890）10月　帝国議会召集、「教育勅語」発布

H.P.＞S.P.　明治27・28年（1894・5）　日清戦争／37・38年（1904・5）　日露戦争

明治33年（1900）6月13日　内宮仮殿遷宮（10月2日遷御）

明治41年（1908）9月　皇室祭祀令／42年2月　「登極令」公布

近代発展成熟期

明治42年（1909）　第57回式年遷宮（内宮10月2日、外宮10月5日）

大正3年（1914）「神宮祭祀令」公布（～昭和21年1月）

S.P.＞H.P.　大正4年（1915）11月10・14日　即位礼・大嘗祭、21・22日　神宮親謁

大正11年（1922）5月17日　内宮仮殿遷宮／13年　神宮林造成開始

昭和3年（1928）11月10日・14日　即位礼・大嘗祭、21・22日　神宮親謁

昭和4年（1929）　第58回式年遷宮（内宮10月2日、外宮10月5日）

昭和16年（1941）12月～20年8月　大東亜戦争

H.P.＞S.P.　昭和21年（1946）11月3日　「日本国憲法」公布（22年5月施行）

昭和24年（1949）11月3日　宇治橋渡始式（遷宮は4年後に延引）

昭和26年（1951）4月　宗教法人法施行により神宮再出発

現代形成充実期

昭和28年（1953）　第59回式年遷宮（内宮10月2日、外宮10月5日）

昭和31年（1956）1月　伊勢神宮奉賛会主催の新穀感謝奉告祭

S.P.＞H.P.　昭和34年（1959）4月10日　皇太子明仁親王（25）御成婚

昭和37年（1962）4月　皇學館大学再興

昭和48年（1973）　第60回式年遷宮（内宮10月2日、外宮10月5日）

昭和49年（1974）11月7・8日　両陛下両宮御親拝（剣璽御動座復活）

H.P.＞S.P.　平成2年（1990）11月12･22日　即位礼・大嘗祭、 27・28日　神宮親謁

平成4年（1992）11月　徴古館の脇に神宮美術館開設

現代発展成熟期

平成5年（1993）　6月9日　皇太子徳仁親王（33）御成婚

第61回式年遷宮（内宮10月2日、外宮10月5日）

S.P.＞H.P.　平成7年（1995）5月　遷宮基本問題検討委員会発足

平成24年（2012）4月　外宮に「せんぐう館」開設

平成25年（2013）　5月10日　出雲大社修理大遷宮

H.P.＞S.P.　第62回式年遷宮（内宮10月2日、外宮10月5日）

※S.P.（ソフト・パワー）＝内心の力 ／ H.P.（ハード・パワー）＝外形の力

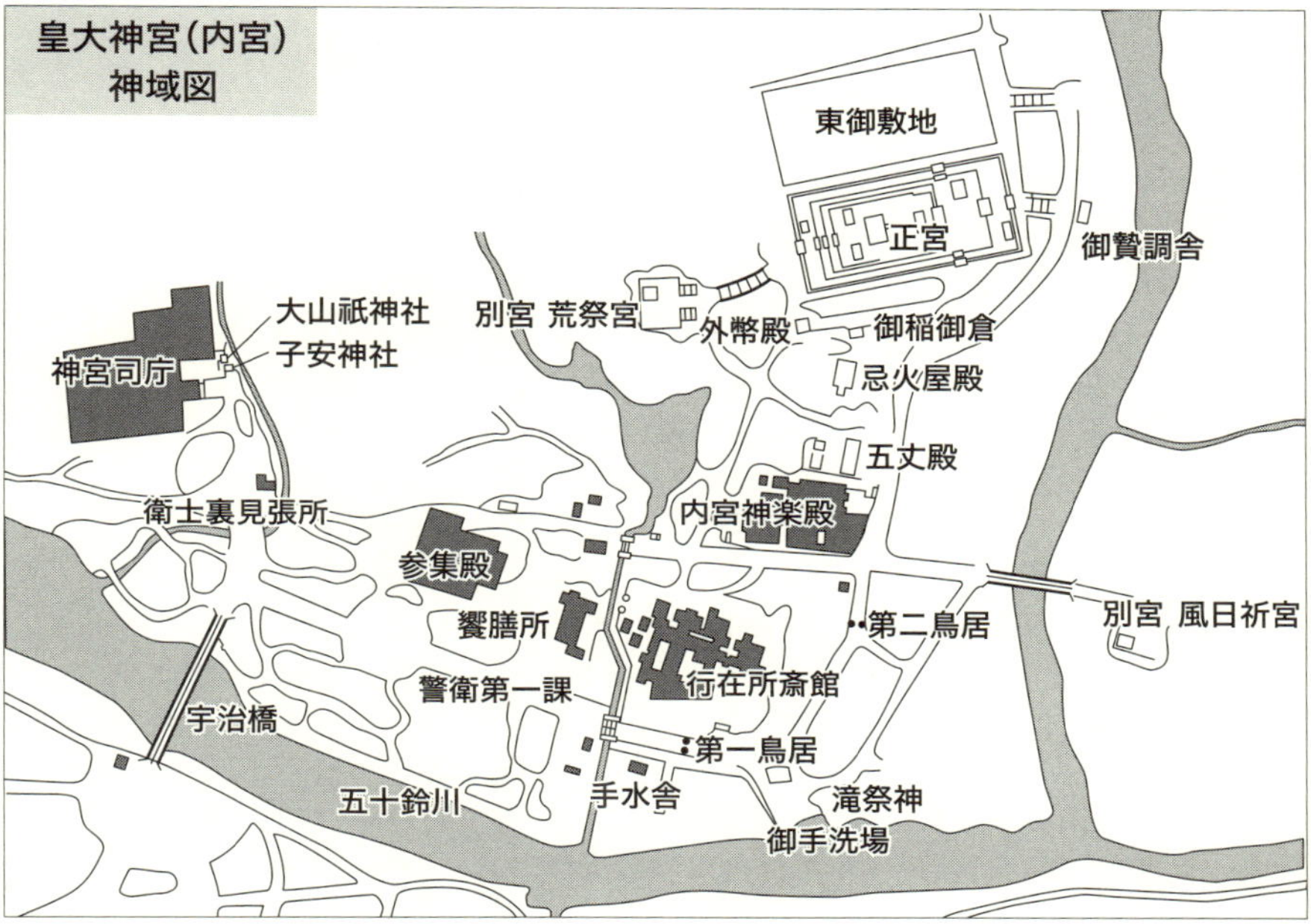
皇大神宮（内宮）
神域図
東御敷地
正宮
御贄調舎
別宮 荒祭宮
外幣殿
御稲御倉
忌火屋殿
大山祇神社
子安神社
神宮司庁
五丈殿
内宮神楽殿
衛士裏見張所
参集殿
別宮 風日祈宮
第二鳥居
饗膳所
行在所斎館
警衛第一課
宇治橋
第一鳥居
手水舎
滝祭神
五十鈴川
御手洗場

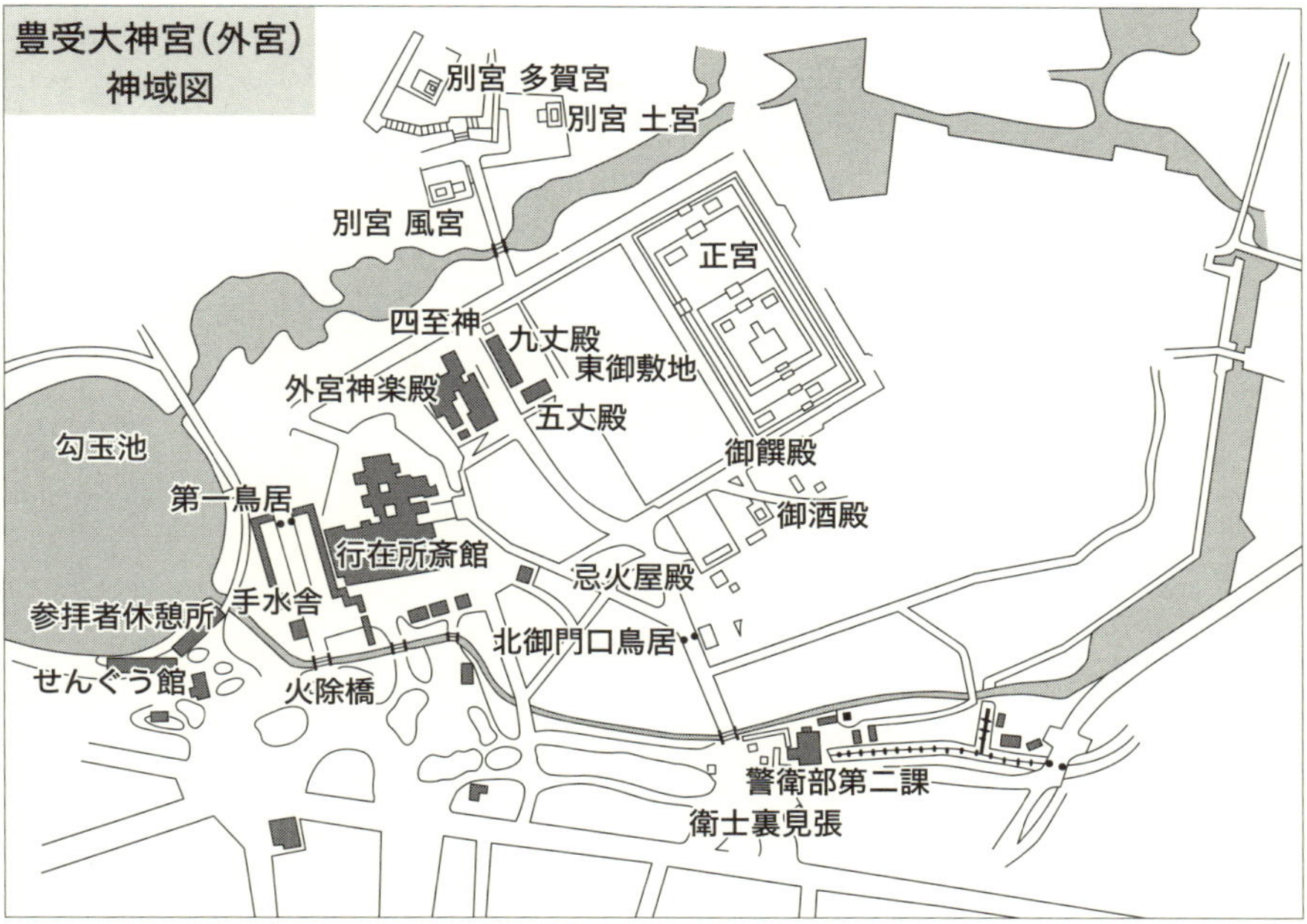
豊受大神宮（外宮）
神域図
別宮 多賀宮
別宮 土宮
別宮 風宮
正宮
四至神
九丈殿
東御敷地
外宮神楽殿
五丈殿
勾玉池
御饌殿
第一鳥居
御酒殿
行在所斎館
忌火屋殿
手水舎
参拝者休憩所
北御門口鳥居
せんぐう館
火除橋
警衛部第二課
衛士裏見張

所　　功（ところ　いさお）

昭和16年（1941）12月12日、岐阜県生まれ。名古屋大学文学部・大学院（修士課程）卒業。皇學館大学助教授、文部省教科書調査官（社会科日本史）などを経て京都産業大学教授。同61年、法学博士（慶應義塾大学、日本法制文化史）。平成24年より京都産業大学名誉教授、モラロジー研究所道徳科学研究センター教授（研究主幹）、麗澤大学比較文明文化研究センター客員教授、皇學館大学特別招聘教授。伊勢神宮評議員、靖国神社崇敬者総代など。

著書：『伊勢神宮』（講談社学術文庫）、『京都の三大祭』（角川選書）、『靖国の祈り遥かに』（神社新報社）、『天皇の「まつりごと」』（NHK出版生活人新書）、『「国民の祝日」の由来がわかる小事典』（PHP新書）、『国旗・国歌の常識』（東京堂出版）、『皇位継承』（共著、文春新書）、『皇室事典』（編著、角川学芸出版）、『あの道この径100話』（モラロジー研究所）など。

お伊勢さんの式年遷宮と廣池千九郎

平成25年（2013）8月1日　初版第1刷発行
平成25年（2013）10月30日　　第2刷発行

著　者　所　　功
発　行　公益財団法人 モラロジー研究所
〒277-8654 千葉県柏市光ヶ丘2-1-1
TEL.04-7173-3155（出版部）
http://www.moralogy.jp/
発　売　学校法人 廣池学園事業部
〒277-8686 千葉県柏市光ヶ丘2-1-1
TEL.04-7173-3158
印　刷　シナノ印刷株式会社

ISBN978-4-89639-233-3